OS METALÚRGICOS DE SALVADOR: UM ESTUDO DE IDEOLOGIA OPERÁRIA

OS METALÚRGICOS DE SALVADOR

Um Estudo de Ideologia Operária

João Gabriel L. C. Teixeira

EDITORA UnB

1989

Impresso no Brasil

Editora Universidade de Brasília
Campus Universitário – Asa Norte
70910 – Brasília, Distrito Federal

Equipe Técnica

Supervisão Editorial:
Regina Coeli A. Marques
Thelma Rosane P. de Souza

Editor:
Antonio Carlos Ayres Maranhão

Leitura Técnica:
Wellington Côrtes

Revisão:
Márcia Maria Freitas e Silva
Maria Helena de Aragão Miranda

Supervisão gráfica:
Antonio Batista Filho
Elmano Rodrigues Pinheiro

Capa:
Luís Eduardo Resende de Brito

Arte-final:
Valperino Andrade

ISBN:
85-230-0279-0

Ficha Catalográfica
elaborada pela Biblioteca Central da Universidade de Brasília

Teixeira, João Gabriel Lima Cruz
T266m Os metalúrgicos de Salvador: um estudo de ideologia operária / João Gabriel Lima Cruz Teixeira. – Brasília: Editora Universidade de Brasília, 1989.
191 p.

301.152.4:323.33(814.21)
t

Aos meus pais, Deraldo e Flora,
por sua luta incansável.

"Gente é pra brilhar e não
pra morrer de fome."

(Caetano Veloso)

AGRADECIMENTOS

Este trabalho apresenta uma nova versão, em português e adaptada para o Brasil, da tese submetida pelo autor para obtenção do grau de Doutor na Universidade de Sussex, Inglaterra, em abril de 1984.

Nesta versão, além das tabelas relativas às entrevistas de campo, foram retiradas muitas das notas explicativas e referências, no sentido de simplificar o texto e torná-lo mais acessível ao leitor. Esperamos que tais modificações não tenham trazido prejuízos ao livro, o que, de qualquer forma, será da nossa inteira e única responsabilidade. Rogamos aos leitores que sentirem a necessidade de informações sobre o material retirado, que entrem em contato conosco no Departamento de Sociologia da Universidade de Brasília, para consultas ao texto original da tese.

A pesquisa que levou à realização deste trabalho foi apoiada por recursos financeiros fornecidos pelo Banco do Nordeste do Brasil S.A., pelo Conselho Nacional de Desenvolvimento Científico e Tecnológico – CNPq e pela Secretaria de Planejamento de Ciência e Tecnologia do Estado da Bahia – SEPLANTEC.

Sem a colaboração e o apoio da Coordenação de Aperfeiçoamento de Pessoal de Nível Superior – CAPES, este trabalho teria sido impossível. Meus agradecimentos especiais vão para a Coordenadora de Bolsas do Exterior da CAPES, Professora Cristina Colonelli por sua contínua eficiência.

Quero também expressar meu afeto e gratidão aos amigos brasileiros que cooperaram nas várias fases deste trabalho: Angela Beth, Chico, Doia, Duarte, Fátima, Fausto, Inoir, Jardel, Luís Alberto, Magrace, Nilton, Norberto, Ricardo, Sheila, Vânia, Wellington e especialmente aos meus colegas, alunos e funcionários da Universidade de Brasília.

O meu agradecimento especial também vai para aqueles amigos que fiz na Inglaterra. Sem a cooperação de Angélica, Fátima, Fiona, Hugh, Joan, Margot, Marcelo, Nancy, Niall, Paul, Peter, Peta-Anne, a dissertação que deu origem a este trabalho estaria incompleta. Aos metalúrgicos da Bahia, por sua ajuda indispensável e anônima, posso apenas dizer que tornaram possível o tempo mais feliz de minha vida.

Por último, mas não com menor importância, uma menção especial deve ser feita a meu supervisor inicial na Universidade de Sussex, professor Ronald Dore, por sua cooperação e paciência durante tempos incertos e ao professor Emanuel de Kadt, cujos encorajamento e orientação foram decisivos para a complementação da tese.

SUMÁRIO

PREFÁCIO

Estudos teóricos, históricos, sociológicos e psicológicos da consciência de classe operária têm germinado nas últimas décadas, parcialmente, como resultado da expansão geral da pesquisa social e, em particular, do notável reflorescimento do pensamento marxista nas ciências sociais, mas, também, porque novas questões têm emergido nas sociedades em rápida mudança, na segunda metade do século vinte. Tem-se reivindicado que, nas sociedades capitalistas avançadas, o progresso econômico e a ausência de grandes crises econômicas (ou, pelo menos, de crises que tenham grandes conseqüências diruptivas e fundamentalmente divisórias) têm reduzido a autonomia e consciência de classe da classe operária, assim como a sua proporção na população. As discussões dessas mudanças têm sido respaldadas, largamente, em termos do "operário afluente", do *aburguesamento* da classe operária e da rápida erosão da política de base classista. O declínio do movimento operário tradicional tem-se tornado um tema familiar em muitos escritos sociológicos e políticos, ao mesmo tempo em que proeminência é dada ao surgimento de uma "nova" política baseada na idéia de gênero, grupos étnicos, ou preocupações ambientais em diversos movimentos sociais. Contra essa interpretação, contudo, pode ser argüído que a situação difere profundamente entre países ocidentais; em alguns deles (por exemplo, Suécia e Áustria), a aliança de classes é ainda muito forte e que, nessas sociedades, o movimento trabalhista continua a desempenhar um papel crucial, além de permanecer como ponto focal de oposição ao poder do capital.

Em outras partes do mundo prevaleceram condições diferentes. Na Europa Ocidental, a consciência de classe operária tem se manifestado de formas variadas, desde as revoltas dos anos 50 e 60 ao movimento *Solidariedade* na Polônia. As formas que tomarão no novo tipo de sociedade mais "aberta" agora emergindo permanecem ainda a serem vistas. Novamente, naqueles países que têm passado por recente e massiva industrialização e estão continuando a rápida transição da sociedade agrária à industrial, o desenvolvimento de um movimento operário consciente de classe se torna um tema central.

O livro do professor Teixeira faz uma significativa contribuição ao entendimento do fenômeno assinalado, através de uma análise detalhada da ideologia, conforme revelada num estudo intensivo de operários de duas fábricas localizadas no Centro Industrial de Aratu, nos arredores de Salvador. Seu estudo indica o surgimento de uma consciência de classe incipiente (especialmente entre operários qualificados), a qual está sendo formada num processo muito lento e dificultoso, como foi o caso naquelas sociedades que embarcaram na industrialização capitalista em período mais antigo. Esta consciência de classe, ou ideologia operária, é manifestada, particularmente, nas visões expressas acerca da necessidade de uma maior militância sindical e não tanto em qualquer tipo de apoio a um partido independente de trabalhadores, o qual estava justamente sendo formado àquele momento, embora muitos trabalhadores nada soubessem sobre o mesmo.

Este estudo, espero, encorajará outras investigações sobre o crescimento da consciência de classe e de uma ideologia operária distinta, no Brasil e alhures. Ele fornece, de diversas formas, um modelo para pesquisa nessa área vital, estabelecendo grande ênfase na necessidade de um trabalho empírico exaustivo, mas, também, fornecendo, por meio de uma clara análise teórica, as definições essenciais do que deve ser buscado no sentido do desenvolvimento da consciência de classe e de um movimento operário efetivo.

Tom Bottomore

(Traduzido pelo autor do livro)

INTRODUÇÃO

Este trabalho visa a apresentar um quadro composto da ideologia dos metalúrgicos de Salvador, no Nordeste do Brasil. Pretendemos descrever e analisar a ideologia de trabalhadores a partir de uma variedade de ângulos. Em particular, reproduziremos as respostas de um grupo de operários de duas fábricas do setor metalúrgico do Centro Industrial de Aratu (C.I.A.) na periferia de Salvador.

Poucos estudos foram realizados sobre essa área, de maneira que este trabalho é também uma tentativa de contribuir para a compreensão dos problemas da população desprivilegiada daquela região. O problema endereçado, aqui, é a conformidade aparentemente completa dos operários de "Aratu" às exigências do setor industrial. Foi a nossa curiosidade, nascida quando confrontada com essa postura, que nos levou a investigar suas manifestações concretas no local de trabalho.

Adotando uma abordagem "inclusiva" de ideologia, tentamos também abranger os mecanismos de resistência e expressões de consciência de classe dos trabalhadores dentro do escopo do estudo. Estávamos interessados em chegar a conclusões que pudessem levar a desdobramentos em pesquisas aprofundadas posteriores sobre o assunto, e trazer as perspectivas da classe operária baiana à consciência de estudiosos que lidam com problemas do trabalho no Brasil. O estudo é do tipo exploratório, empregando uma variedade de técnicas para a coleta de dados e sua apresentação.

O único trabalho sobre a classe operária baiana, escrito por Carvalho (1969)[1] existia há mais de dez anos, quando este estudo foi realizado. A publicação do trabalho de Carvalho, sobre as atitudes da classe operária baiana, seguiu-se à divulgação dos resultados de um levantamento da SETRABES, e foi motivado por este. O levantamento da SETRABES era oficial e apresentava apenas um quadro muito superficial daquelas atitudes. O trabalho de Carvalho foi escrito durante os estágios iniciais da construção de "Aratu" (C.I.A.), num período em que havia severas restrições sobre a crítica às políticas industrializantes no Brasil, de maneira geral, e na Bahia, em particular, especialmente com relação às implicações sociais e ideológicas dessas políticas. Além disso, a própria natureza dos dados da SETRABES não forneceu, ao seu autor, informações suficientes para

1. Ver Carvalho (1969). A autora participou do grupo de trabalho encarregado do levantamento da Secretaria do Trabalho e Bem-Estar Social da Bahia (SETRABES), sobre várias categorias de operários industriais na Bahia.

explorar mais profundamente as questões ideológicas envolvidas. Como resultado, fomos deixados com a afirmação de que os operários industriais da Bahia estavam evoluindo enquanto membros de uma classe social, que viam as suas funções nas fábricas como um estágio transitório em seus projetos de vida, valorizando mais o estilo de vida urbano e o consumismo. Assim, a sua aceitação do trabalho fabril era um meio de alcançar melhores padrões de vida, porquanto lhes propiciava mais fácil acesso à vida citadina. Nos dez anos seguintes, nada de notável sobre o assunto foi publicado, embora estudiosos da Universidade Federal da Bahia tivessem tentado avaliar as conseqüências do incremento da industrialização na Bahia dentro de uma perspectiva histórica[2].

De qualquer forma, os estudos sobre a população desprivilegiada da Bahia foram iniciados, praticamente, por um projeto de pesquisa realizado pelo Centro de Recursos Humanos (CRH) da Universidade Federal da Bahia em 1971, em cooperação com o CEBRAP[3]. Embora esse estudo não lidasse com os trabalhadores industriais diretamente, retratava a pobreza urbana em Salvador. Como referência aos trabalhos inspirados pelo projeto CRH/CEBRAP, Oliveira (1980) acrescenta:

> "Deve-se dizer que os estudos têm uma lacuna: não há nenhum deles que se dedique a abordar, diretamente, a classe operária *stricto sensu,* isto é, a fração na ativa da força de trabalho. A classe operária como conjunto está estudada, principalmente, no que se refere à sua constituição; mas os estudos ressentem-se do recorte preciso da figura do operário fabril. Não por nenhuma idiossincrasia ideológica é que se assinala essa falha como sendo essencial, senão porque exatamente a existência de um setor operário quantitativa e qualitativamente expressivo é fato novo na história nova de Salvador, depois de seu longo declínio.[4]"

Este trabalho também procura preencher essa lacuna através de um estudo sobre os metalúrgicos e sua ideologia.

Três fatores foram bastante influentes para determinar o intuito e o conteúdo deste estudo. Primeiro, à medida que os gerentes das fábricas começaram a entender as suas formas improvisadas de conduzir as relações industriais na área, também se tornaram interessados em apoiar projetos de pesquisa acerca das atitudes de trabalhadores, os quais sentiam necessários para a melhoria das suas funções gerenciais. Isto facilitou, sobremaneira, o nosso acesso aos trabalhadores das duas fábricas. Segundo, à medida que conhecíamos as ações vacilantes dos componentes do grupo de oposição sindical metalúrgica (OSM), para dirigir o

2. Ver especialmente Azevedo (1975).
3. Os resultados desta pesquisa foram publicados em volume editado por Souza e Faria (1980).
4. Esta citação foi retirada do prefácio de Oliveira, contido no volume mencionado acima, editado por Souza e Faria (página 20).

sindicato dos metalúrgicos (SMS), a validade de inclusão da história e do estágio de desenvolvimento desse sindicato no estudo tornou-se evidente. Terceiro, como as duas fábricas pertenciam a grandes corporações multinacionais, o estudo teve que ser colocado no contexto da penetração do capital industrial, numa região empobrecida e atrasada, e de suas conseqüências. Este ponto fica mais claro no capítulo III, no qual são descritas as principais características, e delineados os resultados da implantação de "Aratu".

O estudo começa pela descrição da experiência de trabalho de campo e do método desenvolvido para delinear a natureza da ideologia dos trabalhadores, a partir de suas respostas a uma variedade de questões relacionadas ao seu cotidiano nas fábricas, às suas aspirações, e em relação a questões políticas importantes de interesse da classe operária. Um quadro de referência de apoio foi traçado de forma a demonstrar como dois estudos de caso e uma abordagem qualitativa foram adequados ao tipo de pesquisa realizada.

O segundo capítulo discute as principais implicações do quadro teórico aplicado na análise dos dados nos capítulos seguintes. Os principais conceitos de ideologia, consciência de classe e discurso são detalhados enquanto se tenta demonstrar como esses conceitos podem ser operacionalizados nesse tipo de pesquisa empírica.

O capítulo III inclui uma descrição do local da pesquisa e coloca o setor metalúrgico baiano num contexto mais amplo. Os aspectos políticos, econômico e social de "Aratu" são apresentados, tendo em vista as formas como afetavam os metalúrgicos: havia restrições sobre as atividades dos poucos sindicatos existentes (o SMS sendo apenas um deles); a compulsoriedade do FGTS; as limitações sobre o poder de barganha dos operários, e uma glamourosa ideologia de uma "Nova Bahia" sendo construída. Este capítulo também apresenta uma descrição das fábricas estudadas que são unidades de grandes empresas multinacionais; suas localizações, processos de trabalho, estruturas de força de trabalho e condições internas de trabalho. Isto completa o contexto, no qual as respostas dos trabalhadores emergiram e fizeram sentido.

O Capítulo IV focaliza o passado dos trabalhadores. Retrata informações gerais sobre a posição dos operários no ciclo da vida; condições de habitação e locais de residência; mobilidade geográfia e origens familiares; experiências de desemprego e, finalmente, sua formação e treinamento. Esses tópicos são explorados com a intenção de demonstrar sua influência na formação das disposições ideológicas dos operários.

O capítulo V fornece uma análise detalhada das necessidades dos trabalhadores em manter seus empregos e como esse fato se relaciona aos padrões de recrutamento, tempo de serviço, experiências anteriores em trabalho fabril, condições salariais, oportunidades de promoção e poder de barganha. Um tratamento especial é dado aos discursos em relação à avaliação operária das escalas salariais e das empresas como empregadoras. A descrição das principais características dos sistemas de emprego leva à compreensão de mecanismos de controle encontrados nas fábricas.

O capítulo VI, sobre os projetos de vida dos trabalhadores, concentra-se nas suas atitudes negativas em relação à formação de uma tradição operária e sua falta de interesse numa carreira no trabalho industrial. Mostra, também, a baixa estima que os operários concediam às suas ocupações nas fábricas e sua busca pela segurança. Vestígios de consciência de classe aparecem em contraste com o comprometimento em relação às empregadoras, revelado anteriormente.

O capítulo VII inclui um breve relato histórico do SMS e da luta da OSM para substituir a diretoria imposta pelo Governo. Isso forma a base para análise dos dados concernentes às opiniões dos trabalhadores em relação ao papel do SMS e dos sindicatos de maneira geral. A análise, então, revela "novos" elementos de não conformismo na ideologia dos trabalhadores.

O capítulo VIII relaciona-se a uma série de questões avaliadoras da disposição dos trabalhadores em participar de ações coletivas. Uma ênfase especial é dada às suas respostas hipotéticas, quanto às famosas greves da área do ABC, da Grande São Paulo, em março de 1979.

O capítulo IX apresenta uma análise da participação dos trabalhadores nas eleições gerais do país em 1978 e seu apoio ao partido de oposição (MDB). São examinadas as opiniões dos operários de uma das fábricas sobre a possibilidade de desenvolvimento de um novo partido dos trabalhadores (PT), de maneira a estabelecer a receptividade operária às tentativas independentes em política partidária.

O capítulo X recupera as questões substantivas colocadas no capítulo II e os achados analisados nos capítulos seguintes. A resposta a essas questões completa o quadro compósito, pretendido, da ideologia dos metalúrgicos. Essas conclusões não pretendem apresentar quaisquer generalizações ou previsões quanto ao desenvolvimento e mudanças no quadro ideológico existente. Embora algumas das características dos metalúrgicos de Salvador possam ser úteis para propósitos comparativos, em pesquisas futuras, não foi essa a nossa intenção, ou seja, estávamos mais interessados em apresentar uma análise da ideologia, de um grupo particular de metalúrgicos, em circunstâncias históricas, sociais e econômicas específicas.

Capítulo I

EXPERIÊNCIA DO TRABALHO DE CAMPO E METODOLOGIA

O quadro composto da ideologia dos metalúrgicos foi delineado a partir de dois estudos de caso, relativos a duas fábricas do setor metalúrgico da região metropolitana de Salvador (RMS).

O trabalho de campo foi realizado durante 1979 e nos primeiros três meses de 1980. Esse período foi marcado pelo processo de abertura política no Brasil, pelas greves dos metalúrgicos na Grande São Paulo e pela Anistia. Esses eventos influenciaram o projeto de pesquisa, o qual havia sido proposto, inicialmente, com a intenção de realizar um levantamento das atitudes dos trabalhadores em relação à industrialização e ao trabalho industrial.

A realidade foi que a "abordagem de atitudes" seria aceitável pela gerência das fábricas, sendo a única possível, tendo em vista o período histórico repressivo anterior no Brasil[1]. O fato é que fomos autorizados e apoiados pela gerência para realizar a pesquisa, ao mesmo tempo em que estávamos tentando obter respostas espontâneas e confiáveis dos trabalhadores. Esse fato nos colocou numa situação bastante ambígua. Como tínhamos proposto estudar as atitudes dos trabalhadores a partir dos seus próprios pontos de vista, a aceitação do estudo pela gerência não teria invalidado esse propósito? Estas circunstâncias nos levaram a considerar seriamente a crítica de Braverman (edição de 1980) à sociologia industrial, a qual nos parecia ser aplicável ao nosso propósito de estudar atitudes. Braverman diz:

> "O aspecto básico dessas diversas escolas e das correntes no seio delas é que, diferentemente do movimento da gerência científica, não se interessam em geral pela organização do trabalho, mas pelas condições sob as quais o trabalhador pode ser induzido melhor a cooperar no esquema de trabalho organizado pela engenharia industrial. Os processos abrangentes da sociedade capitalista são tomados por essas escolas como dados inexoráveis, e

1. Alves (1982) registrou 1.575 casos de intervenção governamental direta, em sindicatos no Brasil, entre 1974 e 1979. Existiram 1.202 casos de intervenção no seu sentido restrito, 254 de dissolução de carta sindical, 78 casos de cassação de líderes isolados e 31 casos de interferência no processo eleitoral. Esses dados foram coletados no próprio Diário Oficial da República.

aceitos como 'necessários e inevitáveis' em qualquer forma de 'sociedade industrial'. Os problemas em foco são os da gerência: insatisfação expressa pelas elevadas taxas de abandono de emprego, absenteísmo, relutância ao ritmo de trabalho imposto, indiferença, negligência, restrições à produção e hostilidade ostensiva à administração. Tal como se apresenta à maioria dos sociólogos e fisiólogos interessados no estudo do trabalho e dos trabalhadores, o problema não é o da degradação de homens e mulheres, mas as dificuldades ocasionadas pelas reações, conscientes e inconscientes, àquela degradação. Não é, pois, de modo algum fortuito que a maior parte dos cientistas sociais ortodoxos aceitem firmemente, de fato desesperadamente, a norma de que sua tarefa não é o estudo das condições objetivas do trabalho, mas apenas os fenômenos que elas ensejam: os graus de 'satisfação' e 'insatisfação' postos em evidência por seus questionários." (Braverman, 1980: 125 e 126)

Um novo método foi aplicado no sentido de realizar a aproximação com os trabalhadores, de modo a compensar o fato de que o pesquisador foi introduzido no ambiente, como estagiário dos departamentos de relações industriais das fábricas e, ao mesmo tempo, estava procurando obter narrativas confiáveis das vidas dos trabalhadores. Esse método foi também desenvolvido porque percebemos que os dados colhidos nos roteiros das entrevistas estavam, indubitavelmente, impregnados com noções e valores adotados pelas gerências das fábricas. Isto é especialmente verdadeiro em relação às respostas operárias, às questões relacionadas com a sua situação objetiva nas fábricas. Simultaneamente, novas técnicas foram desenvolvidas e introduzidas no trabalho de campo. Essas técnicas visaram a angariar, numa base cotidiana, o entendimento detalhado da compreensão dos trabalhadores sobre sua situação.

Além disso, uma vez que a pesquisa era exploratória, havia ampla oportunidade de explorar-se o tema sob vários ângulos, permitindo a inclusão de técnicas de intensa observação participante, tornando a coleta de dados uma tarefa interativa e participativa. Também, as mudanças políticas e os novos desenvolvimentos do sindicalismo na área tornaram necessária a inclusão de observação participante em eventos especiais e encontros de trabalhadores.

Esse método foi usado não somente porque sabíamos que o estudo não teria sido possível sem o auxílio das gerências das fábricas, mas, também, porque ao tempo da pesquisa não havia qualquer sindicato com suficiente prestígio (e muito menos meios) de apresentar o pesquisador aos seus associados. E se tivesse havido tal sindicato, estaríamos, provavelmente, entrevistando apenas os operários baianos mais politizados e qualificados. Também estávamos interessados em ouvir o que os "peões" tinham a dizer, e a nossa pesquisa demonstrou que este grupo de trabalhadores tinha pouco entendimento ou experiência de sindicalismo.

No processo da coleta de dados, freqüentemente sentíamos que, para acomodar suas respostas, os operários revertiam constantemente ao que pensavam que estava sendo exigido deles. Esse constrangimento já havia sido notado por Humphrey (1977), quando discutiu os diferentes tipos de informação e as diferentes maneiras de obtê-las no Brasil: "(...) no caso das atitudes em relação à firma, o que traz problemas é a relutância de alguns operários em serem honestos quando o *status* do entrevistador possa estar em dúvida*." (Humphrey, 1977:77 e 78)

Numa outra ocasião, o autor dirige a atenção do leitor para alguns problemas em se obter dados sobre atitudes. O conhecimento dessas dificuldades nos foram particularmente relevantes para este estudo. No nosso caso, de particular interesse foi a sua menção ao "problema de se discutir questões que são politicamente suspeitas, particularmente se se tem dúvida sobre quem é o entrevistador. No Brasil, as questões interessantes são mais suspeitas politicamente e é impossível conseguir a confiança dos trabalhadores pela obtenção do acesso às firmas através dos sindicatos". (*op. cit:* 81)

Humphrey também indica uma ausência de opiniões formadas entre os operários brasileiros. No nosso caso, essa ausência também emergiu nas entrevistas, algumas vezes na forma de respostas excessivamente genéricas ou ambíguas. Neste caso, nossa decisão foi reconhecer essa ambigüidade e evasivas como parte das práticas ideológicas dos operários. Este ponto é explorado com maior profundidade no capítulo seguinte. No nosso caso, a resposta às condições disponíveis foi aceitar e levar em conta essa ambigüidade como um fator significativo e usar os mesmos materiais "atitudinais" no sentido reverso: tornaram-se a base para um estudo sobre ideologia de trabalhadores.

Na primera fábrica (F.1), o método de pesquisa consistiu em três estágios diferentes de coleta de dados:

Os primeiros três meses foram consumidos na familiarização com a organização interna, o *layout* físico e processos de trabalho da fábrica, enquanto que atividades diárias eram conduzidas no balcão do Departamento de Recrutamento, Seleção e Treinamento, tais como ajudar os operários a preencher as fichas de inscrições e classificá-los para os testes de seleção. A observação participante era realizada, enquanto conduzíamos entrevistas não-estruturadas, com "indivíduos-chave", nos diferentes departamentos da fábrica.

Após esse estágio introdutório, uma série de 55 entrevistas semi-estruturadas foram realizadas. Operários eram solicitados a falarem sobre suas vidas antes de começarem a trabalhar na fábrica, a avaliação pessoal das suas funções na fábrica e o que pensavam sobre as suas perspectivas futuras. Além disso, o quadro ideológico a ser construído tinha que ser traçado em relação ao contexto maior das

* Todas as traduções de texto originariamente em inglês são da nossa autoria, a não ser quando indicado em contrário.

questões operárias no Brasil, assim como em relação ao grau de desenvolvimento das relações industriais na área. Isto nos levou a incluir perguntas sobre os papéis dos sindicatos nas greves em São Paulo, além das opiniões operárias sobre os partidos que competiram na última eleição geral do país. Suas respostas foram então classificadas em seis áreas-tema.

1. Dados sobre Procedência.
2. Experiência de Trabalho Fabril.
3. Projetos de Vida.
4. Sindicalização.
5. Greves.
6. Partidos Políticos e Eleições.

As respostas operárias foram transcritas de tal forma a preservar, tanto quanto possível, o jargão dos trabalhadores. Elas foram, então, classificadas e mapeadas para constituir o que é chamado discurso dos operários no estudo. Sentimos que nessa fábrica o uso de gravador poderia constituir-se num constrangimento na condução das entrevistas.

No começo do trabalho de campo em F.1, foi percebido que o formulário de entrevista de saída, que era usado no Departamento de Recrutamento, Seleção e Treinamento, poderia ser utilizado como importante fonte de dados, uma vez que todos os funcionários tinham que respondê-lo quando saíam da firma. Essa ocasião revelou-se altamente apropriada para expressarem insatisfações e revelarem informações valiosas acerca das relações internas nas fábricas. Solicitamos ao Departamento que ficássemos responsáveis pela condução dessas entrevistas, as quais se tornaram um instrumento de pesquisa inesperadamente útil. Ao tempo de demissão, os entrevistados falavam mais abertamente acerca de problemas e situações, o que, de outra forma, teriam evitado. Realizamos 132 entrevistas desse tipo.

Também descobrimos, na primeira fábrica, que um grupo (OSM) estava se desenvolvendo em oposição à liderança do SMS, e que a OSM estava tentando competir para liderança do SMS, na eleição que se aproximava. Alguns membros da OSM estavam participando das discussões para criação do novo Partido dos Trabalhadores (PT). Além desses novos fatores, havia um interesse generalizado em todo o país em discutir problemas políticos, especialmente questões trabalhistas. Por exemplo, encontros políticos estavam sendo realizados na Bahia para fornecer apoio político e financeiro aos metalúrgicos de São Paulo. Novamente a participação e apoio de membros da OSM foi significativo. Como parte da experiência de pesquisa, a participação nestes eventos foi mantida ao longo do trabalho de campo e foram realizadas entrevistas com líderes sindicais antigos e novos.

No terceiro estágio, um roteiro de entrevista estruturada foi elaborado, levando em consideração o que os discursos sugeriam ser relevante para os trabalhadores de uma amostragem de 101 operários, selecionada de acordo com a distribuição das funções, numa força de trabalho de 605 trabalhadores manuais.

A metodologia de pesquisa pretendia coletar o máximo de informação qualitativa possível e isso foi realmente alcançado através dos discursos dos trabalhadores, transcritos nos mapas. Mesmo no questionário, uma série de questões abertas foram mantidas com aquele propósito.

Algumas das respostas às perguntas do questionário final foram sumariadas em tabelas de freqüência marginal, para indicar a distribuição geral de certas respostas por níveis de qualificação dos operários.

Existe uma discussão corrente acerca do grau de influência do nível de qualificação na formação das atitudes dos oparários brasileiros. A este respeito, o leitor é referido a Lopes (1964), Rodrigues (1970), Humphrey (1977) e Frederico (1980). Levando em consideração as condições específicas dos metalúrgicos baianos, decidimos que as comparações eram irrelevantes para os propósitos deste trabalho. Contudo, as diferenças entre os níveis de qualificação e seus respectivos graus e tipos de conformismo e não-conformismo são enfatizados. Portanto, nossos achados poderão ser úteis para propósitos comparativos em pesquisas futuras.

Essa distribuição de respostas por níveis de qualificação foi elaborada como um meio de enfatizar a existência de três grandes grupos de trabalhadores na fábrica. Estávamos particularmente interessados em demonstrar que as condições e objetivos similares dos operários, que compunham o grupo de "peões" de F.1, poderiam levá-los a adotar respostas semelhantes. Por outro lado, a insegurança no emprego e a ausência de perspectivas de carreira, dos operários semiqualificados de F.1, levava-os a serem bastante ambíguos em suas respostas. Terceiro, esperávamos encontrar entre os operários qualificados de F.1 e F.2 o embrião de um setor de vanguarda. A análise, contudo, centrou-se principalmente nos discursos, numa tentativa de alcançar uma compreensão mais profunda, inicialmente, das disposições ideológicas dos trabalhadores. Quando apropriadas, categorias analíticas foram retiradas dos próprios discursos e de observações das experiências cotidianas dos operários, nas duas fábricas.

Na segunda fábrica (F.2), os mesmos três estágios foram conduzidos num período de seis semanas. A novidade, aqui, foi a solicitação do Departamento de Relações Industriais (DRI) de que apresentássemos um plano de trabalho, no qual três novos objetivos foram incluídos:

1. Edição do jornal interno da fábrica.
2. Revitalização do Grêmio (associação recreativa da fábrica).
3. Organização de atividades artísticas na fábrica, utilizando talento interno.

Foram realizadas eleições para escolha dos membros do Conselho Editorial do jornal e para a direção do Grêmio. Os votos foram coletados pessoalmente e is-

O Quadro I resume técnicas e fontes de pesquisa e seu fluxo em F.1:

QUADRO I

Técnicas e Fontes de Dados – F.1

Estágios dos Dados	Técnicas	Quantidades	Registros	Natureza
1	Entrevistas Informais	–	Diário de campo	QL(1)
	Observação Participante			
2	Entrevistas Exploratórias Semi-estruturadas	55	Mapas	QL
3	Questionário Final	101	Mapas Tabelas	QL QT(2)

(1) QL = Qualitativa
(2) QT = Quantitativa

so nos deu a oportunidade única de conhecermos pessoalmente os trabalhadores e nos familiarizarmos com os vários departamentos da fábrica.

Houve ampla participação dos trabalhadores de vários departamentos na elaboração do jornal, do qual dois números foram publicados. O segundo número foi mais bem-sucedido do que o primeiro, uma vez que foi distribuído após a primeira apresentação do grupo de teatro e da festa de Natal e, portanto, a maioria dos artigos foram baseados nesses dois eventos. O DRI considerava a festa de Natal um evento importante no sentido de fomentar boas relações industriais dentro da fábrica.

O grupo de teatro foi igualmente bem-sucedido. Após dois meses de discussão e ensaios cansativos, realizados após as horas de trabalho, uma peça foi apresentada.

Essa primeira peça era a encenação do processo de trabalho num dia típico na fábrica, que retratava a forma como uma encomenda chegava à divisão de vendas e, então, às várias outras divisões, até que o produto era, finalmente, empacotado para entrega. Nesse meio tempo tornou-se fácil gravar 24 entrevistas exploratórias.

Desse momento em diante, sentiu-se que o método de pesquisa não mais parecia estar limitado a coletar dados dos trabalhadores enquanto "objetos". Ele agora incluía observação participante, com um novo papel para o pesquisador. A pesquisa participativa oferecia aos trabalhadores a oportunidade de discutir seus problemas nas mesas de almoço, durante as entrevistas, nas discussões e ensaios do grupo de teatro. Contudo, o método de pesquisa participativa ou "pesquisa-ação", desenvolvido, não foi realizado como meta em si mesma. O que se pretendia conscientemente era alcançar um relacionamento confiável com os operários; uma vez que já admitíamos que questionários, apenas, não seriam procedimentos suficientemente compreensivos e exaustivos, tentamos nos aproximar dos operários de tal forma que abríssemos espaços amplos para discussão. A melhor estratégia, naquelas circunstâncias, era usar a posição ambígua do pesquisador como estagiário no DRI e tentar desenvolver atividades às quais o departamento não se oporia abertamente. Essas atividades permitiram, em suma, o aparecimento de novos *insights* e perspectivas sobre a ideologia dos operários. Foi por esta razão que a metodologia de pesquisa se desenvolveu em dois estudos de caso "experienciais". Estudos de casos "experienciais" são aqueles que descrevem o seu objetivo sob uma multiplicidade de ângulos e, freqüentemente, incluem o uso de simbolismo. Elliot (1980) afirma que "a validade dos estudos de casos 'experienciais', em última análise, se baseia na colocação de que a realidade social não é um produto que não possa ser entendido independentemente dos processos subjetivos, pelos quais ela é construída" (Elliot: 1980-7). Adiante Elliot confirma que não existe maneira fácil de fundamentar esse posicionamento. Também reivindicaríamos que sua validade "reside na sua *utilidade como modelos projetivos* para outros pesquisadores na exploração de suas situações particulares" (Idem: 26).

Em F.2, 24 entrevistas exploratórias também foram transcritas, codificadas e mapeadas em quadros diferentes, exatamente como havia sido feito em F.1. O mesmo questionário foi aplicado, então, a 51 operários de uma amostra escolhida a partir da distribuição das funções produtivas na fábrica. Essa amostragem era significativamente representativa, uma vez que nesta fábrica, apenas 198 trabalhadores estavam, na realidade, envolvidos no processo produtivo, numa força de trabalho de 306 empregados.

O Quadro II resume fontes e técnicas de pesquisa realizadas em F.2:

QUADRO II

Técnicas e Fontes de Dados – F.2

Estágios dos Dados	Técnicas	Quantidades	Registros	Natureza
1	Entrevistas Informais	–	Diário de campo	QL(1)
	Observação Participante			
2	Entrevistas Exploratórias Semi-estruturadas	24	Mapas	QL
3	Questionário Final	51	Mapas Tabelas	QL QT(2)

(1) QL = Qualitativa
(2) QT = Quantitativa

À medida que a observação participante era registrada no diário de campo, a experiência internalizada, os discursos codificados e registrados e, finalmente, esforços eram empreendidos no sentido da participação do pesquisador em eventos trabalhistas, parece indubitável que uma abordagem qualitativa da ideologia dos operários[2] foi alcançada.

2. De acordo com Wilson (1979), o estudo de caso tem "certas qualidades genéricas básicas". Eles são particularistas, "totalizantes", longitudinais e *qualitativos*. Por qualitativo ele quer dizer que "Usualmente o estudo de caso usa prosa e técnicas literárias para descrever e esclarecer imagens e analisar situações mais do que sumarizar dados quantitativos. Eles apresentam documentação de eventos, situações, amostras de artefatos, e assim por diante" (Wilson, 1979:448).

Capítulo II
TEORIA E QUESTÕES A SEREM RESPONDIDAS

"(...) desde os primórdios, o 'espírito' é atormentado com a maldição de estar imbuído de uma matéria que aqui se manifesta sob a forma de camadas de ar em movimento, de sons, numa palavra, sob a forma de linguagem."

Karl Marx em *A Ideologia Alemã*

1. Introdução

Nesse capítulo, apresentamos o quadro teórico que nos orientou na análise da ideologia dos metalúrgicos. Não é nossa intenção produzir uma revisão exaustiva dos debates acadêmicos acerca dos conceitos-chave de ideologia e consciência de classe, que são usados nesse trabalho. Opiniões divergentes e questões particulares, contudo, serão referidas quando se tornar adequado.

Primeiramente, ênfase deve ser dada ao fato de que muito pouco, na forma de um quadro rígido de orientação, foi elaborado com antecedência para análise dos dados. Conceitos e categorias explicativas foram recuperadas e colecionadas no processo de leitura de notas, de nossa experiência de trabalho de campo, e tendo, por base, sugestões que derivaram dos dados qualitativos, dos "discursos".

Como conseqüência disso, quando elaboramos o quadro teórico, preferimos adotar o procedimento de demonstrar como os conceitos básicos surgiram na análise e por que foram considerados úteis e adequados. Outro procedimento adotado foi o de tentar demonstrar como essa base teórica era consistente com o tipo de análise realizada, e adequada às questões substantivas a serem respondidas.

Antes de entrarmos na discussão dos conceitos de ideologia e consciência de classe, e como seus componentes e manifestações estão "alojados" na linguagem, primeiro examinaremos como este trabalho pode ser inserido na produção acadêmica recente, nas universidades britânicas, em relação à formação ideológica e de consciência de classe do operariado brasileiro.

2. Estudos Sobre a Classe Operária Brasileira na Inglaterra

Este trabalho é o terceiro de uma série de estudos de caso, para elaboração de dissertações de doutorado sobre a classe operária brasileira, produzidas em universidades inglesas. Referimo-nos aqui, em particular, ao trabalho de Humphrey (1977) sobre o desenvolvimento do sindicalismo entre os operários da indústria automobilística da Grande São Paulo, e o trabalho de Sorj (1979), sobre o processo de formação ideológica dos operários de uma usina siderúrgica de Minas Gerais.

O trabalho de Humphrey difere do de Sorj numa variedade de aspectos. Não obstante, Humphrey lida com o tema da formação ideológica quando aborda o desenvolvimento da consciência de classe de um setor de vanguarda da classe operária brasileira, através do delineamento das reivindicações, colocadas pelos sindicatos, e as reações dos trabalhadores àquelas reivindicações. Já nos referimos a Humphrey no capítulo anterior, quando aludimos às suas afirmações sobre as dificuldades de fazer entrevistas com operários fabris no Brasil. A contribuição de Humphrey foi também influente nesse quadro teórico, pelo fato de ter chamado a nossa atenção para a necessidade de se evitar o determinismo "de conceitos gerais, tais como, urbanização, tradição e modernização e subdesenvolvimento", uma vez que "são inadequados para explicar as oscilações de sorte da classe operária no Brasil" (Humphrey, 1977:72). Humphrey também enfatizou a necessidade de se relacionar a informação com as mediações do processo histórico. Além disso, sugeriu que é importante considerar a complexidade da vida social, enquanto "resultado da integração de uma série de diferentes determinações – e para que alguns eventos específicos façam sentido, estas determinações devem ser levadas em consideração" (Idem:83). Também acreditamos que explicações mecanicistas podem ser evitadas, através da inclusão de uma multiplicidade de determinações, e através do uso de estudo de casos para responder a questões específicas, sobre diferentes grupos sociais.

Agora, nos concentramos em demonstrar pontos convergentes entre a abordagem de Sorj e a nossa, uma vez que o seu trabalho apresentou uma série de pontos de partida para o nosso quadro teórico.

Sorj começa pela delimitação do seu conceito de formação ideológica:

> "Por formação ideológica entendemos uma análise das estruturas de dominação e luta que moldam as formas de relacionamento – tanto simbólicas como práticas – entre a classe trabalhadora e a burguesia, mediadas por instituições políticas e sociais. Nesse entendimento, a análise da ideologia apresenta um 'espectro' mais amplo que os estudos clássicos sobre atitudes de trabalhadores, ou mesmo análises de discursos, as quais limitam o estudo da realidade ideológica à sua representação simbólica" (Sorj, 1979:1).

Posteriormente, Sorj restringe a análise daquela formação ideológica a três dimensões: "As estruturas de dominação que dizem respeito diretamente ao trabalhador como parte da força de trabalho (mercado de trabalho, processo de trabalho, sindicatos)" (Idem:4 e 5). Ao nosso quadro composto, da ideologia dos operários, contudo, acrescentamos as aspirações destes (enquanto relacionadas às expectativas dos mesmos, fora da fábrica), como uma quarta dimensão, e duas outras dimensões mais relacionadas à consciência de classe, ou seja, o grau de politização dos trabalhadores, em termos de sua participação hipotética em greves, e suas preferências eleitorais. Nesse sentido, fomos guiados pela crença de que manifestações coletivas de consciência de classe do proletariado (para preservar a terminologia tradicional), que transpira em determinadas circunstâncias de tempo e espaço, em seus modos de pensar e agir, são também refreadas por noções ideológicas dominantes, que devem ser desvendadas por qualquer tentativa séria de estudo.

Como resultado dessa inclusão, diferentes expressões de sua consciência de classe também fazem parte do quadro compósito da ideologia dos trabalhadores. Portanto, nosso conceito de quadro compósito da ideologia dos trabalhadores difere da "formação ideológica", de Sorj, somente no sentido de que o quadro é tornado mais amplo pela inclusão de três outras dimensões, nas quais manifestações de consciência de classe podem ser detectadas. Conseqüentemente, decidimos também, que era nossa tarefa demonstrar os componentes ideológicos e limitações à expressão daquela consciência de classe.

Um ponto no qual divergimos do trabalho de Sorj é aquele relacionado à sua crítica sobre análise de discurso, conforme indicado no final de sua citação. Posteriormente, Sorj continua a sua crítica com relação às limitações da análise de discurso no estudo da ideologia.

> "(...) enquanto que tal metodologia possa, em certas ocasiões, produzir resultados interessantes, sentimos que ela não reflete o processo real pelo qual a ideologia da classe trabalhadora é gerada e produzida (...) Nosso entendimento de ideologia é obviamente oposto a uma visão 'intelectualizada' do estudo da ideologia que se restringe à análise da racionalidade dos discursos explícitos dos agentes. Em nossa visão, esses discursos são apenas inteligíveis quando indicam as estruturas de dominação, controle ou luta que delimitam o espaço da problemática que os agentes estão tentando verbalizar " (Sorj, op. cit: 4 e 5)

E, em outra ocasião:

> "Essas estruturas de dominação e oposição que não estão explícitas ao nível dos discursos dos agentes estão de fato determinando a prática concreta dos trabalhadores sem estes necessariamente perceberem ou verbalizarem isto completamente " (Idem: 1 e 3)

Divergindo dessa opinião, argumentamos, primeiro, que a análise de discurso não tem necessariamente que restringir-se à racionalidade dos discursos. Segundo, pretendemos demonstrar que os discursos podem ser inteligíveis exatamente porque são verbalizações (contraditórias ou ambíguas, como às vezes acontece) das opiniões dos trabalhadores acerca das estruturas mencionadas e acerca de suas lutas. Terceiro, o fato mesmo de que os agentes não percebam ou não façam, às vezes, verbalizações explícitas, tem relevância para o entendimento de sua ideologia. Larrain (1979), quando criticando a abordagem estruturalista da ideologia, é bastante claro a este respeito:

> "(...) ideologia num texto é um relacionamento entre o textual e o extratextual, entre o conteúdo e as condições de sua produção, as quais são externas e enraizadas na realidade social e histórica. A presença do ideológico num discurso não consiste de propriedades imanentes dos textos, mas do sistema de relacionamento entre o texto e sua produção, circulação e consumo." (Larrain, 1979:138)

3. Ideologia e Discurso

É nossa intenção demonstrar, portanto, que aquelas mesmas estruturas de dominação, controle ou luta, podem ser encontradas no discurso, na linguagem na qual ela está localizada como uma prática material. Acrescentamos que, nas mesmas circunstâncias de trabalho de campo, os dados de atitudes se tornaram exemplos "claros" de discurso, enquanto prática ideológica e isso assim foi, porque o *ethos* da pesquisa, como foi descrito no capítulo anterior, fez emergir o conteúdo ideológico das respostas dos trabalhadores. Primeiro, porque os operários sentiam que algumas das questões tinham que ser respondidas "adequadamente", isto é, pelo encobrimento de conflitos e contradições. Segundo, porque os discursos se tornaram exemplos sugestivos do uso do senso comum, pelos operários, para a compreensão de suas próprias experiências no trabalho fabril. Terceiro, as respostas contêm opiniões dos trabalhadores acerca de importantes aspectos da vida operária (sindicatos, greves, preferências eleitorais), nos quais a influência de componentes ideológicos é inquestionável.

O princípio filosófico, que substancia esse quadro de referência teórica, foi inspirado numa longa citação de Marx (edição de 1970), em *A Ideologia Alemã**. Após descrever os quatro "momentos" da atividade humana na história, ou seja, a produção da vida material, a produção de novas necessidades, a reprodução de sua espécie e a produção de relações sociais, Marx afirma:

---

* A citação transcrita, aqui, foi traduzida pelo autor com auxílio da edição portuguesa/brasileira.

> "Somente após havermos considerado quatro momentos, quatro aspectos dos relacionamentos históricos primordiais, finalmente descobrimos que os homens também possuem 'consciência', porquanto ainda não seja a consciência *pura*. Desde os primórdios, o 'espírito' é atormentado com a maldição de estar imbuído de uma *matéria* que aqui se manifesta sob a forma de camadas de ar, sons, numa palavra, sob a forma de linguagem. Esta é tão velha como a consciência: é a consciência real, prática, que existe também para outros homens e, por aquela mesma razão, existe também para mim pessoalmente e, tal como a consciência, somente surge com a necessidade das exigências de contactos com os outros homens" (Marx, op. cit.: 50 e 51).

Além disso, Bottomore (1971) lembra-nos que o próprio Marx, em sua introdução à *Enquete Ouvrière* de 1880, insistiu que apenas os trabalhadores estavam habilitados a descrever "com pleno conhecimento, os infortúnios que têm que suportar"[1]. Isto quer dizer que, se qualquer mérito acadêmico pode ser reivindicado para este trabalho, é porque o direito dos oprimidos operários baianos em falarem foi garantido através do privilegiamento dos seus discursos, como fonte básica de informação.

4. Ideologia e Consciência de Classe

Outro ponto de concordância com o posicionamento teórico de Sorj é aquele relacionado à sua crítica ao historicismo de Lukács, e à abordagem estruturalista de Althusser, quanto à consciência de classe e à ideologia, respectivamente. Ela afirma que, embora Althusser pretenda opor-se ao historicismo de Lukács, ambos (embora a partir de diferentes pontos de vista epistemológicos) "consideram a ideologia e o papel dos agentes na história como já estabelecidos dentro da estrutura de funcionamento da sociedade, de tal maneira que o desenvolvimento concreto da história política do capitalismo, num certo sentido, não modificaram os resultados que a análise determina *a priori*" (Sorj, op. cit.: 41).

Isso significa que para Athusser a ideologia é fato consumado, isto é, um dos níveis estruturais resultantes das relações sociais em qualquer tipo de formação social e, não particularmente, nas sociedades capitalistas. Conseqüentemente, as ações dos sujeitos históricos e os efeitos da consciência de classe e das lutas operárias são eliminados. Sorj coloca da seguinte maneira a sua crítica ao althusserismo:

1. Ver a este respeito a nota introdutória à *Enquete Ouvrière* de Marx em Bottomore e Rubel (1963) no qual os editores enfatizam a reivindicação de Marx para que fosse alcançado *"o conhecimento exato e positivo* das condições nas quais a classe operária, a classe a qual pertence o futuro, sobrevive e trabalha " (página 203).

"(...) em primeiro lugar, colocando todas as instituições sociais sob a rubrica de 'Aparatos Ideológicos de Estado' (Igreja, educação, família, sistema legal, sistema político, sindicatos, sistema de comunicação e cultural), Althusser cria um *sistema fechado* no qual não existe espaço para a transformação ou expressão das classes dominadas (...) Segundo, Althusser elimina de sua definição teórica o efeito da luta de classes sobre as características específicas dos Aparelhos Ideológicos do Estado. A partir disso, teríamos uma história estabelecida *a priori,* a qual bem poderia ser a eterna repetição do modo de produção capitalista (...)" (Sorj, op. cit.: 44).

Por outro lado, Sorj não escreve muito sobre a questão problemática da *imputação* da consciência de classe às classes sociais fundamentais do capitalismo (a burguesia e o proletariado) efetuada por Lukács. Contudo, num momento chega a afirmar claramente:

"(...) dessa forma o processo de transição de uma 'classe em si mesma' para uma 'classe para si mesma' é determinada *a priori,* porque tanto a burguesia como o proletariado são orientados necessariamente para a realização de seu papel histórico, ou seja, aquele de criar uma sociedade burguesa no primeiro caso e uma sociedade sem classes no segundo" (Sorj, op. cit.: 42).

Bottomore (1971) critica aspectos da *História e Consciência de Classe* de Lukács, afirmando que este estabelece uma distinção quase que absoluta entre a "consciência empírico-psicológica" (isto é, o que o proletariado num determinado momento histórico realmente pensa e sente) e a consciência de classe "imputada" ou adjudicada, a qual, para Lukács, era uma possibilidade histórica objetiva que deveria ser trazida de fora pelos ideólogos marxistas do *Partido.* Lukács menospreza a importância dos efeitos sociais da primeira e a relega à arena, de certa forma irrelevante, dos estudos históricos.

Por outro lado, acreditamos ser relevante o fato de estarmos interessados num momento específico da ideologia de trabalhadores fabris, numa sociedade capitalista, uma vez que os verdadeiros interesses dos trabalhadores (tais como: lutas por aumentos salariais e melhores condições de trabalho) podem ser elucidados a partir daí. Ademais, esses interesses não estão, necessariamente, desligados de uma possibilidade revolucionária. Em outras palavras, no nosso ponto de vista, não ignoramos o fato de que o sujeito histórico é um sujeito em processo, ou seja, consideramos o desenvolvimento da consciência de classe operária sempre como uma possibilidade objetiva, mas, de maneira nenhuma, inevitável. Por essa razão, os fatores ideológicos, que constrangem a realização desta possibilidade histórica, pelos trabalhadores de "Aratu", constituem a base deste trabalho.

O que realmente importa é o estágio da consciência de classe alcançado, aqui e agora, por um grupo específico de trabalhadores. Se essa consciência de classe é, em alguns momentos, contraditória e interligada com os interesses da classe dominante, é necessário que estudos sociológicos, detalhados, revelem essas contradições e, a partir daí, criem o conhecimento, com base no qual essa consciência de classe possa ser expressada, ativada, ou tornada uma possibilidade objetiva. Esse trabalho espera demonstrar como os trabalhadores, a despeito das limitações e efeitos dos mecanismos de dominação e subordinação sobre eles, sempre têm algum grau de consciência de seus interesses, enquanto classe social.

Também estamos tentando contribuir para as críticas aprofundadas àqueles estudos sobre consciência de classe que se restringem a demonstrar, apenas, a consciência "empírica" ou "real", negando a possibilidade objetiva da classe operária enquanto classe revolucionária.

Tendo em vista as dificuldades e limitações desta proposta, decidimos por uma abordagem qualitativa da ideologia, enquanto "alojada" no conteúdo do discurso. Nessa decisão fomos, particularmente, influenciados por uma "seminal" nota de pé de página, escrita por Bottomore, em artigo já citado:

> "Infelizmente, os marxistas oficiais, e entre eles Lukács, têm feito precisamente aquilo contra o que Marx chamou a atenção: têm demonstrado uma relutância marcante em se engajarem em estudos históricos detalhados desses fenômenos e têm-se valido, em vez disso, das generalidades de uma teoria histórico-filosófica. Como conseqüência, têm dado uma contribuição insignificante para o entendimento das classes sociais no século XX" (Bottomore, op. cit.: 63 e 64).

A inclusão das manifestações de consciência de classe, como parte de um quadro ideológico, é um tema que também parece ser relevante para discussão neste trabalho. Primeiro, porque a concepção de ideologia tem sido muito difundida, enquanto falsa consciência, seguindo o famoso aforisma de Engels, em sua carta para Mehring[2]. A este respeito, Larrain (1983:104) afirma que:

> "(...) o problema com o termo falsa consciência é que além de ser uma expressão ambígua que suprime a referência à sua base social, não é específica (...) O conceito de 'falsa consciência', por si próprio, é ambíguo: ele não esclarece sua dependência dos problemas sociais reais e falha em determinar o caráter de sua falsidade; portanto, não é uma definição adequada de ideologia."

Neste sentido, quando criticando Lukács por igualar a consciência de classe empírica ou psicológica à falsa consciência, McDonough (1977:36) acrescenta:

2. "Ideologia é um processo que é alcançado pelo assim chamado pensador conscientemente na realidade, mas com falsa consciência" Ver a carta de Engels a F. Mehring, 1983 em Selsam e Martels (edição de 1963), página 214.

"(...) o materialismo histórico nos solicita investigar essa 'falsa consciência' como um aspecto de um processo histórico e enquanto estágio desse processo histórico mais do que simplesmente proclamar sua 'falsidade'. Tendo realizado esta análise, estaremos então em posição de localizar a diferença objetiva entre a falsa consciência dos atores envolvidos e essa sociedade que proclamam entender, e ao mesmo tempo, perceber por que eles a estudam daquela forma."

Reconhecemos que existem diversas dificuldades teóricas na construção de uma abordagem consistente à problemática da ideologia em qualquer formação social. Hall (1977:28) coloca alguns desses problemas na seguinte passagem:

"(...) ideologia é uma das 'regiões' menos desenvolvidas na teoria marxista. Mesmo onde é possível construir o *sítio* da ideologia e a relação geral das instâncias, as formas e processos específicos dessa região permanecem peculiarmente mal definidas e subdesenvolvidas. A semiótica tem contribuído grandemente para o nosso entendimento de como os sistemas de significações funcionam e como as coisas e relações significam. Mas, precisamente na esperança de constituir um campo fechado passível de indagação científico-positiva, ela tende a limitar sua investigação à fronteira na qual as relações internas das 'linguagens' articulam-se com práticas sociais e estruturas históricas (...)"

Não obstante, entendemos que, nenhum relato coerente do processo de reprodução, de uma formação social, "pode ser produzido sem incorporar uma teorização das maneiras pelas quais os seres humanos concretos, os homens, mulheres e crianças, vivendo numa formação social dada, são, eles próprios, reproduzidos com atitudes, crenças, expectativas e desejos específicos" (Adlam, 1977:9 e 10).

Após abandonar a "abordagem de atitudes", ficamos com uma série de questões acerca dos conceitos a serem usados na análise de uma grande quantidade de "dados de atitudes", que nos pareciam indicar uma disposição, meramente submissa, dos trabalhadores às suas condições de trabalho. Nesse momento, encontramos um ensaio polêmico de Reich (1934) sobre consciência de classe[3] que nos foi extremamente útil, especialmente porque estabelece pistas pa-

3. Brown (1973), explica: "(...) Reich argumenta em seu ensaio seminal *O Que é a Consciência de Classe?* que em contraste com a preocupação abstrata do Marxismo doutrinário com o processo histórico mundial do desenvolvimento sócio-econômico, para as massas, as realidades das relações sociais capitalistas são imediatamente encontradas nos níveis mais mundanos da vida cotidiana... Tendo em vista que estas preocupações diárias são o campo real no qual as massas experimentam a mais onipresente repressão das relações sociais capitalistas, segue que é também neste terreno da vida cotidiana que ações elementares da consciência de classe se desenvolvem ou são reprimidas" (páginas 134 e 135).

ra a busca de elementos da consciência de classe, em dados empíricos, Reich afirma:

"(...) existem dois tipos de consciência de classe, aquela da liderança e aquela das massas, e as duas têm que ser levadas a entrarem em harmonia uma com a outra. A liderança não tem tarefa mais urgente (...) do que entender: a) quais são os pensamentos e desejos progressistas que estão latentes em pessoas de diferentes estratos, ocupações, grupos de idade e sexo, e b) quais são os desejos, temores, pensamentos e idéias ("ligações tradicionais") que evitem que essas idéias e desejos progressistas se desenvolvam?"

E Reich vai adiante para dizer que:

"A consciência de classe das massas nunca está totalmente formada (...) nem está completamente ausente ou estruturada numa forma totalmente ininteligível (...) ela está presente em um número de *elementos concretos* os quais, em si próprios, ainda não constituem a consciência de classe (por exemplo, a fome) mas, os quais, em conjunção um com o outro, podem se tornar consciência de classe. Esses elementos não estão presentes em sua forma pura, mas permeados, mesclados e interconectados com forças psíquicas opostas."

Esta citação ofereceu-nos o primeiro indicador para a análise do material de entrevista. Reich operacionaliza nossos dois conceitos básicos, através de uma apresentação não ambígua dos componentes da ideologia, sem realmente assim chamá-los: desejos, pensamentos e idéias ("laços tradicionais") que dificultam o desenvolvimento das idéias progressistas. Ao mesmo tempo, Reich oferecia pistas para a procura de *componentes não-ideológicos* nos discursos dos trabalhadores: desejos, idéias e pensamentos latentes progressistas. Contudo, esses elementos concretos são exemplificados apenas uma vez: a simples fome. Nossa tarefa, daí por diante, foi estabelecer e procurar outros elementos concretos de consciência de classe nos discursos dos trabalhadores: conhecimento do mercado de trabalho, crítica às oportunidades de promoções e das escalas salariais, consciência da competição e mais-valia, e uma auto-estima mais elevada[4]. Simultaneamente, componentes ideológicos também se tornaram discerníveis no processo de leitura dos discursos: fatalismo, autonegação, fetichismo, identificação com o opressor, etc.

---

4. Reich, op. cit., adiciona a este respeito: "A reação política, comandada pelo fascismo e pela Igreja, exige que as massas devam renunciar à felicidade aqui na Terra; exigem castidade, obediência, auto negação, sacrifício pela nação, pelo povo e pela mãe-pátria(...) Se se desejava levar as massas da população à batalha contra o capital, desenvolver sua consciência de classe ou trazê-las ao ponto de revolta, então se deve reconhecer que o princípio de auto negação é prejudicial, inerte, estúpido e reacionário" (página 295 .

Esse procedimento evitou que incorrêssemos na imputação da consciência de classe aos metalúrgicos baianos, de um ponto de vista puramente ideológico. Provocou-se a emersão dos vestígios dessa consciência de classe a partir da análise de dados empíricos, qualitativos. Bottomore (1971) já havia demonstrado a limitação metodológica que, normalmente, aparece devido ao uso indiscriminado do historicismo de Lukács:

> "Uma coisa pelo menos está clara: passou-se muito tempo desde a era em que a consciência real de grupos sociais expressada em suas crenças e ações poderiam ser discutidas como meramente consciência 'psicológica' ou 'falsas consciências', e serem contrastadas com a 'consciência racional' sacramentada na ideologia do Partido Comunista" (Bottomore, op. cit.: 134 e 135).

A utilização das sugestões de Reich também nos levou a retratar diferentes tipos e gradações de consciência de classe. O próprio Lukács (edição de 1971), embora cético, e alertando contra a tendência oportunista de "reduzir a consciência de classe do proletariado ao nível psicologicamente dado", indicou essa necessidade, quando afirmou que "a estratificação dos problemas e interesses econômicos dentro do proletariado é, infelizmente, quase totalmente inexplorada, mas pesquisas levariam indubitavelmente a descobertas de primeira importância" (Lukács, op. cit.: 75 e 79).

5. Questões Substantivas

É nossa intenção demonstrar como a "recuperação" das sugestões de Reich pode ser instrumental em estudos sobre a ideologia dos trabalhadores, enquanto extraída de suas práticas discursivas. Estas práticas estão relatadas, em diferentes aspectos de sua vida cotidiana nas fábricas, suas aspirações e opiniões em relação a questões relevantes da vida operária: acerca dos sindicatos, ações grevistas e política parlamentar. A análise a ser conduzida nos capítulos seguintes, para os quais reservas metodológicas já foram indicadas previamente neste capítulo, será dirigida para responder às seguintes questões substantivas:

1. O que poderiam as informações de *background* elucidar, a respeito das disposições ideológicas do operariado, antes de sua entrada nas fábricas?
2. O que poderia ser encontrado nas suas experiências, enquanto operários fabris, que poderia ter fomentado suas disposições ideológicas para aceitarem, rejeitarem ou comprometerem-se com sua situação objetiva? Ou, em outras palavras, quais os mecanismos de controle ideológico exercitados sobre eles pelas fábricas enquanto sistemas de emprego?

3. O que poderia ser encontrado em suas aspirações que teria implicações para o desenvolvimento de sua consciência de classe?
4. O que poderia ser elucidado, através de suas opiniões acerca do papel do sindicato, em termos da formação de sua consciência de classe?
5. O que as posições operárias, em relação às ações grevistas, poderiam acrescentar ao entendimento de sua consciência de classe?
6. O que suas preferências eleitorais poderiam indicar, em termos de sua conscientização, a respeito da política parlamentar no Brasil? Como poderia essa consciência relacionar-se ao desenvolvimento da consciência de classe?

No capítulo seguinte, descrevemos o sítio geográfico e histórico da pesquisa, enfatizando alguns dos aspectos econômicos do setor metalúrgico da RMS. A estas descrições seguir-se-á uma apresentação das principais características das duas fábricas, nas quais as entrevistas foram realizadas.

Capítulo III

AS FÁBRICAS

1. Introdução

Embora em 1979, o agregado dos setores metalúrgico, mecânico e de material elétrico já representasse 34,5% do número de estabelecimentos industriais, 45,7% do valor da produção industrial e 49,5% do pessoal empregado em "Aratu", certamente não foi devido à magnitude deste agregado, no contexto industrial baiano, que os metalúrgicos de Salvador foram escolhidos como objetivo deste nosso estudo. Na verdade, os números são ainda menos significativos quando se considera o desempenho do agregado em termos brasileiros.

Não obstante, como nossa intenção era estudar a ideologia de trabalhadores empregados em duas indústrias de "Aratu", foi igualmente coincidente e conveniente que o trabalho de campo fosse viável em duas fábricas, incluídas naquele agregado. Além do mais, ambas as indústrias metalúrgicas empregavam operários que estavam sob a jurisdição sindical e na área geográfica compreendida pelo Sindicato dos Metalúrgicos de Salvador[1], que havia sido instrumental, pelo menos durante 15 anos (1964-1979), no processo de conformação e comprometimento dos metalúrgicos de Salvador aos empregos industriais nestas e nas demais fábricas do setor em "Aratu".

Aceitando-se os sindicatos ou o sindicalismo como um aparato ideológico importante da classe operária, a experiência de "peleguismo", no SMS, é bastante significativa. Primeiro porque representa uma versão baiana do tipo de sindicalismo então predominante em outras áreas do país e, segundo, pela época em que se deu o seu surgimento. Esta forma regional de "peleguismo" coincidiu com o começo da repressão do movimento operário brasileiro em 1964, quando o regime militar indicou uma direção "pelega" para o SMS. Esta experiência de "peleguismo" forma o quadro sindical referente aos anos de maior "pique" do processo de instalação de novas fábricas em "Aratu" (1966-1975).

1. O Sindicato dos Metalúrgicos de Salvador (SMS) abrange operários dos setores metalúrgico, mecânico e de material elétrico. Embora sediado em Salvador, o SMS absorve operários dos mesmos setores na maioria das cidades das RMS e no circundante "Recôncavo Bahiano": Simões Filho, Catu, Lauro de Freitas, Camaçari, Pojuca, São Francisco do Conde e Candeias, além de Alagoinhas e Feira de Santana (o segundo centro urbano-industrial no Estado da Bahia).

Além disso, a importância do estado de subdesenvolvimento do sindicalismo, na região metropolitana de Salvador (RMS), do qual a experiência de "peleguismo" no SMS é um caso exemplar, não pode ser enfatizada, suficientemente, mesmo por comparação com o ativismo e consciência política dos metalúrgicos do ABC de São Paulo. No caso do SMS, a inatividade e complacência de sua liderança "pelega" tornaram os metalúrgicos de Salvador mais apropriados, ainda, ao nosso estudo sobre a ideologia operária na Bahia.

Deixaremos essa questão em aberto para discussão no capítulo VII e começaremos por localizar "Aratu" nos seus contextos históricos, nacional e regional. Então, procederemos em localizar F.1 e F.2 no contexto de "Aratu". Finalmente, descreveremos as forças e processos de trabalho nas duas fábricas, enfatizando as categorias mais importantes de operários; níveis de qualificação, funções, condições de trabalho e os sistemas de benefícios oferecidos pelas fábricas.

2. "Aratu" e a Face Rasgada de Salvador

O projeto de construção de "Aratu" foi elaborado em 1965, como um grande complexo industrial planejado pelo Governo, que tinha como principal objetivo, junto com esforços similares em outros estados brasileiros, a descentralização da economia brasileira, que estava concentrada no Sudeste do País. "Aratu", na verdade, começou em 1966, quando a área recebeu as primeiras unidades industriais a se beneficiarem de incentivos fiscais, federais e locais. Essas fábricas haviam sido atraídas, principalmente, pela acessibilidade a lotes urbanizados, vendidos a preços subsidiados, além dos incentivos financeiros e fiscais.

Criticando os fundamentos econômicos destes projetos industriais descentralizantes, M. Brandão (1982) afirma:

> "Os novos centros industriais ou pretensos pólos de desenvolvimento têm em comum o fato de serem, da perspectiva da região hospedeira, realizações de fora, i.e., iniciativas do governo central, envolvendo maciças transferências de capital materializados em pequenos intervalos de tempo. Ainda que o processo decisório envolvido não desconheça pressões de origem local, o fundamental dessa nova fase de industrialização fora do Sudeste é a sua absoluta autonomia em relação aos processos de acumulação e distribuição da renda, vigentes até o momento na região recipiente. Inclusive face aos próprios empreendimentos da industrialização recente (...)"

Localmente, o principal objetivo de "Aratu", nas palavras de representantes do governo estadual, era "curar" a enigmática "involução industrial baiana". Desta forma, a criação de "Aratu" mudou rapidamente o perfil industrial da Bahia e, especialmente, a face geográfica da RMS. Brandão (op. cit.) confirma:

"(...) enquanto o emprego industrial crescera, no Estado nos anos 60 em apenas 19%, nos setores de minerais não-metálicos, química, metalurgia, mecânica, material elétrico, comunicações e transporte, quase todos concentrados na região de Salvador, ele aumentou em 80,35% (...)" (página 10).

Além disso, de 1963 a 1975, 75% dos empregos industriais, e 95% do valor dos investimentos, que haviam sido alocados para o Estado da Bahia, pela SUDENE, estavam ligados a setores industriais quase que inteiramente novos à região.

Principalmente com resultado da implantação de "Aratu" e do Complexo Petroquímico de Camaçari, o número de operários industriais na RMS cresceu em 92%, de 1970 a 1978. Em 1978, o número de empregos fabris, no sentido restrito, na RMS, podia ser estimado em 52 mil contra pouco mais de 27 mil em 1970, o que significa um aumento de quase 94%[2].

"Aratu", junto com outros centros industriais similares do mesmo período, tem sido considerado um "pólo de desenvolvimento" ou "enclave", dependendo do posicionamento do estudioso em relação às suas conseqüências sociais. Aqueles que defendem a primeira definição acreditam que "Aratu" era, pelo menos parcialmente, a "mola propulsora" de um crescimento econômico harmonioso na região. Por outro lado, aqueles que preferiram denominá-lo "enclave" tinham em mente suas "descontinuidades estruturais". De qualquer forma, nossa resposta à questão parece ser irrelevante aqui. O que os importa, realmente, é que os metalúrgicos de Salvador, sendo parte dos 52 mil operários industriais, relativamente privilegiados, da RMS (Brandão, op. cit.: 12), eram "objetos" apropriados para um estudo sobre ideologia de trabalhadores. Espera-se que o quadro ideológico, composto neste trabalho, ilumine um pouco o entendimento da face rasgada da Salvador de agora.

Entrementes, deve também ser enfatizado que a descentralização seletiva das atividades industriais, da qual "Aratu" era apenas uma versão baiana, excedia os limites da economia industrial do país. Em outras palavras, as duas fábricas estudadas, além de serem parte do grande parque industrial de "Aratu", são ambas sucursais de corporações multinacionais.

3. F.1 e F.2 no Contexto de Aratu

F.1 é uma fábrica de alumínio, que possui duas unidades de fabricação em "Aratu". A maior das duas unidades produz o alumíno e a unidade menor molda o alumínio em cabos e fios. F.1 era considerada uma das maiores empresas de "A-

2. Todos os números e percentagens mencionados aqui foram retiradas de Brandão (op. cit.) que usou os resultados do PNAD para 1978 e o Censo Industrial de 1975.

ratu" em número de empregados (762 em junho de 1979). A firma local foi constituída em 1966 e começou a operar em 1969, inicialmente apenas com a unidade de cabos. Em 1971, a segunda unidade começou a produção de tarugos e lingotes de alumínio. Em 1979, F.1 utilizou 98% de sua capacidade instalada e esperava duplicar suas vendas num prazo de dois anos, devido a investimentos feitos com o objetivo de aumentar sua capacidade produtiva. F.1 tem sido, repetidamente, incluída na lista das 15 maiores empresas industriais do Estado da Bahia, em termos de volume de capital, produção, lucro líquido e consumo de energia elétrica. A unidade de cabos está localizada num terreno próximo à fábrica de alumínio e possuía 112 operários diretamente envolvidos na produção, em junho de 1979. Naquela época, estava fabricando 8.000 toneladas de fios e cabos por ano e planejava expandir a produção para mais de 11.200 em 1979.

A segunda fábrica, F.2, é muito menor, além de possuir apenas uma unidade fabril montadora de brocas e outros implementos usados na perfuração de poços de petróleo em Aratu. É sucursal de uma corporação de origem norte-americana. Em dezembro de 1979, F.2 possuía 306 empregados, dos quais apenas 198 estavam diretamente ocupados na produção. F.2 começou, na verdade, em 1964, em suas velhas instalações, sob nome e gerência diferentes. Em 1973, a companhia foi absorvida por um grupo de empresários transnacionais, mas foi apenas em 1978 que a fábrica foi transferida para seu sítio atual, após um longo processo de revitalização tecnológica e organizativa.

Embora F.2 tenha participado muito raramente da lista de *200 Maiores Indústrias Baianas,* publicada pela Federação das Indústrias do Estado da Bahia, é, também, uma fábrica importante no contexto de Aratu, devido à alta especialização dos seus produtos. É a única fábrica do seu tipo no Brasil, e 70% de sua produção de brocas tritônicas, *slip dogs, tool joints* e *fillers,* utilizadas para extração de petróleo e na mineração, saem sob encomenda para atender à demanda direta da Petrobrás.

Finalmente, a localização das duas fábricas na área de Aratu é um fator muito importante para a compreensão dos vários aspectos do *background* dos operários. F.1 está localizada na área de indústrias médias e pesadas no Centro Industrial de Aratu, distante aproximadamente 40 km do centro urbano da cidade de Salvador, no município de Candeias. Situa-se perto das pequenas cidades do Recôncavo, que fazem parte da RMS. F.2 está localizada dentro dos limites urbanos da cidade, a 6 km de sua área central e ao lado da Rodovia BR-324. Seus contatos com as cidades-dormitórios da RMS são mínimos.

4. Processo de Trabalho e Condições de Trabalho em F.1

O primeiro estágio do processo de produção do alumínio é feito em uma das unidades do complexo industrial de F.1, em Minas Gerais. Aí, a bauxita importada é transformada em óxido de alumínio ou "alumina". O segundo estágio, isto é, o processo de redução eletrolítica da "alumina" realiza-se nas fabricas de Minas Gerais e "Aratu".

A fábrica de "Aratu" utiliza o processo de *Hall Heroult* para a produção industrial do alumínio. O metal é obtido através da eletrólise. A primeira fase desse processo, contudo, é o transporte da matéria-prima do silo até o setor de "Redução", onde grandes fornalhas são alimentadas e mantidas trabalhando, continuamente, com eletricidade de alta voltagem. Na "Redução", as principais tarefas são as de manter as fornalhas em funcionamento sob constante observação, às temperaturas exigidas, e a conclusão do processo de transformação da "alumina", em massa fundida, que é finalmente coletada em cadinhos. Daí, a massa fundida é transportada até a "Divisão de Refusão" para as operações de esfriamento e moldagem do alumínio, em suas formas finais.

As operações realizadas na "Redução" são perigosas, pesadas e árduas. Várias fornalhas, todas trabalhando ao mesmo tempo, fazem com que a temperatura aumente até cerca de 60ºC, e uma nuvem volátil gasosa, cheia de impurezas da "alumina" e CO2, tornava o ar escuro e quase irrespirável, fazendo necessário o uso freqüente de filtros protetores. Normalmente, uma pessoa não poderia permanecer mais do que 20 minutos em um ambiente dessa natureza. Os trabalhadores parecem mineiros de carvão, com suas faces, braços e roupas freqüentemente cobertos de suor e poeira. Além disso, as gotas da massa fundida algumas vezes salpicam nos trabalhadores e perfuram os uniformes de algodão fornecidos pela companhia, causando queimaduras de até terceiro grau.

A "Divisão de Refusão" insere diferentes qualidades na matéria-prima pura, após esta deixar a "Redução". Ali, as diferentes ligas são preparadas de acordo com as características exigidas pelo mercado. Em "Aratu", a "Divisão de Refusão" é composta de duas fornalhas revolventes, e equipamento apropriado para moldar lingotes e tarugos, em 20 diferentes tipos de ligas. A máquina de moldagem e uma fornalha de harmonização para as ligas completam esta divisão.

Na "Divisão de Refusão", as operações são muito mais sofisticadas, abrangendo o controle e funcionamento das máquinas, que mantêm a massa fundida, fluindo através de vários condutos e recipientes. O meio físico de trabalho é mais agradável, embora haja também tarefas pesadas, como operar guindastes e outras, que exigem dos operadores a permanência dentro de poços profundos, muitas horas seguidas.

Os setores auxiliares de "Manutenção Elétrica" e "Manutenção Mecânica" são instrumentais para o funcionamento da "Redução" e "Divisão de Refusão", respectivamente. Os eletricistas são responsáveis pela manutenção dos painéis de controle sob constante observação, e pela execução de reparos urgentes e improvisações na rede elétrica, para manterem as fornalhas abastecidas com eletricidade de alta voltagem em pleno funcionamento. Os mecânicos são responsáveis pelos reparos e adaptações nos guindastes da "Divisão de Refusão", além das trefiladoras e bobinas da Unidade de Cabos.

A *grosso modo,* podemos dizer que as ligações entre as diversas operações são interdependentes. Uma interdependência pode também ser verificada entre os setores de produção, nos quais, embora exista uma seqüência inevitável, também persiste uma certa autonomia no ritmo das operações, seu tempo e indispensabilidade.

5. Processo de Trabalho e Condições de Trabalho em F.2

O processo produtivo em F.2 segue os princípios de uma linha de montagem. As peças, que tinham que ser conectadas para a montagem das brocas, e outros produtos especiais usados na perfuração e manutenção de poços de petróleo, são importados e chegavam à fábrica em seu desenho básico. O processo produtivo poderia ser resumido como a passagem dessas peças através de várias operações de usinagem, e adaptação às especificações técnicas do Departamento de Planejamento e Engenharia.

As operações realizadas durante todo o processo são relativamente autônomas. Cada torneiro poderia estabelecer seu próprio ritmo na usinagem das peças, sem segurar, dentro de certos limites, o fluxo da linha de montagem e a continuação do processo, pelos colegas subseqüentes. Isso significa que podem acelerar ou reduzir a velocidade, usando a sua destreza, e de acordo com a sua disposição[3]. O mesmo acontece, também, entre os soldadores, responsáveis pela fase final da montagem. No entanto, é necessário enfatizar que, nesta tarefa, a concentração e a qualidade do trabalho são da maior importância.

O papel desempenhado pelo pessoal da inspeção do controle de qualidade é crucial. Os "inspetores" têm garantida uma autoridade que lhes dá um poder de repressão, relativamente alto, devido ao detalhe com que o controle é realizado. Além disso, um grau altamente elevado de habilidades é requerido nos setores de apoio de Afiação Mecânica e Elétrica e no departamento encarregado do tratamento térmico, e de testagem dos produtos.

Para resumir, em F.2 encontramos um ambiente de trabalho muito mais relaxado e calmo. Eram freqüentes as demonstrações de orgulho em relação à limpeza, velocidade e segurança com que as tarefas são realizadas. Além disso, a competição era menor, por existirem mecanismos, regulares e explícitos, para aumentar os salários, e exemplos claros de que a companhia está interessada em manter uma força de trabalho satisfeita e motivada.

3. Estes podiam até mesmo parar seu trabalho, durante tempo suficiente, para conceder as longas entrevistas gravadas pelo pesquisador, sem atrasar a produção e sem serem importunados pelos seus supervisores.

A ansiedade em atender as metas de produção estabelecidas, o encadeamento das operações e a competição gerada pela interdependência dos setores tornavam este ambiente de trabalho até divertido, somente interrompido pelos sons dos tornos, máquinas e da soldagem. A aparência física dos trabalhadores era mais sadia e menos aflita. O dia de trabalho era duro, mas muito mais suportável. A temperatura ambiental alcançava pouco mais do que a temperatura média da cidade (28ºC), e não havia poeira poluída no ar.

6. Força de Trabalho

Verificando-se a lista de distribuição do pessoal das duas companhias, tornam-se evidente três principais diferenças, as quais podem ser verificadas na tabela seguinte:

I – Uma percentagem ligeiramente mais elevada de trabalhadores, em funções não-qualificadas em F.1 (22,7%) do que em F.2 (17,7%).

II – Uma participação mais elevada de funções semiqualificadas, também nesta fábrica (41,6%), comparada com F.2 (8,1%).

III – Uma participação muito mais elevada de funções qualificadas em F.2 (74,2%) do que em F.1 (36,7%).

Classificação de Força de Trabalho: 1979

	Trabalhadores manuais		Não-qualificados		Semi-qualificados		Qualificados[a]		Pessoal administrativo		Total
	Nº	%	Nº	%	Nº	%	Nº	%	Nº	%	Nº
F.1	606	79,4	132	21,7	252	41,6	222	36,7	157	20,6	762[b]
F.2	198	64,7	35	17,7	16	8,1	147	74,2	108	35,3	306

Fonte: Arquivos de F.1 e F.2

(a) Incluindo também técnicos e "encarregados".

(b) Este número também inclui 112 operários envolvidos no processo produtivo da unidade de cabos.

Em ambas as fábricas os não-qualificados, de maneira geral, são o pessoal da limpeza e os ajudantes, corriqueiramente chamados pelo nome comum de "peão".

Os semiqualificados são os operadores, entre os quais se incluem os "moleiros" e todos os tipos de ajustadores das fornalhas da "Divisão de Redução" em F.1, assim como os inspetores de qualidade I em F.2. Em F.1, trabalhadores qualificados são os mecânicos, soldadores, eletricistas, pedreiros, analistas e inspetores de qualidade. Em F.2 são os torneiros, soldadores, afiadores, eletricistas e inspetores de qualidade II e III.

6.1 Comentário sobre a Força de Trabalho em F.1

Na "Redução", os "Assistentes de Produção" (peões) são encarregados de alimentar as fornalhas e responsáveis pela limpeza ao redor delas. Os "operadores" alimentam as fornalhas e, algumas vezes, abrem fissuras para reduzir a pressão interna. Há também os "moleiros", operadores encarregados de medir e avaliar as condições internas das fornalhas. Estes usam roupas especiais de tungstênio, para a ajustagem das molas internas (daí o nome) das fornalhas. É a tarefa mais exaustiva e perigosa, sendo recusada por muitos. À execução dessa tarefa atribui-se uma série de acidentes e doenças de pele, conhecendo-se casos de morte causados por mudanças bruscas de temperatura. Relaciona-se uma idéia de heroísmo a essa função, devido aos riscos e sua importância na operação completa da "Redução".

Os técnicos da "Divisão de Refusão" e seus ajudantes necessitam de maior destreza, devido ao grau de complexidade das operações, além de utilizarem instrumentos de medida mais sofisticados. Além desses trabalhadores tecnicamente mais qualificados, há também os operadores de transporte pesado e máquinas empilhadeiras. Proporcionalmente, o número de trabalhadores da "Divisão de Refusão" era menor, suas operações menos repetitivas e tinham mais intervalos de descanso durante a jornada de trabalho. De acordo com o grau de destreza e tempo de experiência na função, os operadores da "Refusão" normalmente ganhavam mais do que os trabalhadores da "Redução". Na "Refusão" o número de "Assistentes de Produção" era menor.

Há também uma distinção clara de acordo com o grau de qualificação requerida em cada uma das operações. Na "Redução" os qualificados são os capatazes, trabalhadores experientes, que chefiam os grupos de trabalho e transmitem instruções que vêm da "Engenharia". São operários com bastante experiência prática, alguns sem educação formal ou técnica e sem preparação em administração ou supervisão de pessoal. A estes é dado o *status* da função de encarregado em reconhecimento à lealdade e experiência. São também, em sua maioria, responsáveis pelos freqüentes casos de punição por indisciplina e ausência no trabalho. Esses homens são quase sempre objeto das queixas dos operários demitidos e incluídos nos numerosos dramas pessoais, com os quais tivemos contato quase que diariamente.

Na "Refusão" muitos já cursaram uma escola técnica ou receberam treinamento especial em outras fábricas ou em sucursais da própria empresa. Estes têm um poder de barganha maior e reclamam mais freqüentemente das longas jornadas de trabalho que, algumas vezes, as exigências de produção os obriga a enfrentar. Além disso, existe também uma freqüente demanda por eletricistas, uma vez que os salários pagos pela fábrica eram mais baixos do que os salários oferecidos no mercado a operários com a mesma qualificação. A alta taxa de rotatividade no setor impedia que o nível de crítica, raramente notado, desenvolvesse em tentativas de coletivizar as reivindicações.

Os trabalhadores da "Mecânica", na maioria qualificados, também adotam uma atitude não-cooperativa e não-solidária à ação coletiva. São ávidos por manter seus empregos, não só por causa dos ganhos, mas também pela segurança que sentem num emprego menos exigente e mais autônomo, do que nas pequenas oficinas de consertos, nas quais muitos deles haviam trabalhado anteriormente.

6.2 Comentário sobre a Força de Trabalho em F.2

O grau de qualificação ou de habilidades exigidas de todos os trabalhadores (torneiros, soldadores, afiadores e eletricistas), diretamente envolvidos na montagem das brocas, contribuem para criar uma atitude gneralizada de orgulho quanto ao desempenho que cada um pode demonstrar. São quase todos altamente qualificados em suas respectivas funções. Podem, inclusive, substituir uma ocasional falta de experiência prática por um grau de cuidado e dedicação, da qual a empresa não pode se queixar. Salários relativamente altos e benefícios adicionais foram a recompensa para esses trabalhadores, cientes de suas habilitações.

Em geral, podemos dizer que, os poucos "peões" dessa fábrica limitam-se a fazer as tarefas grosseiras de limpeza, varreção e entrega das peças aos torneiros e soldadores. Parecem executar tarefas mais fáceis do que em torno das fornalhas de F.1. Em F.2, os poucos trabalhadores semiqualificados são aqueles que estão começando sua carreira na fábrica, após uma ou duas experiências fabris anteriores.

Em todos os setores de F.2, podem ser encontrados operários com experiência de treinamento no SENAI ou na Escola Técnica Federal, além de estarem exercendo suas funções por períodos mais longos de serviço. Os capatazes alcançam, aqui, o *status* de *supervisores.* São operários mais velhos, altamente qualificados por treinamento e experiência, que também estão adaptados a supervisionar os demais. O companheirismo é muito mais evidente entre os supervisores e seus subordinados, que no exercício de comando autoritário, freqüentemente incompetente, dos capatazes de F.1. Em F.2, os supervisores já realizaram treinamento em técnicas de supervisão e relações humanas, além de sessões privadas de análise transacional.

7. Benefícios

7.1 Refeições

Grande ênfase é atribuída, nas duas fábricas, às refeições oferecidas aos seus empregados. Em F.1, há uma discriminação entre três tipos diferentes de restaurantes, embora a comida servida seja a mesma: a) o restaurante da administração, servido por um garção, num ambiente reservado, limpo e com ar condicionado; b) o restaurante do pessoal administrativo e dos capatazes, em outra área espaçosa e limpa, separada do refeitório por uma corrente, com um serviço *a la carte*. Este restaurante pode ser freqüentado por aqueles que podem pagar um pouco mais para não permanecerem em filas; e c) o refeitório, onde a maioria dos operários semiqualificados e "peões" entram em fila para receber sua porção de comida nas bandejas. O serviço é muito mais lento, e os usuários não podem repetir sua porção de comida. Naturalmente, é mais barato. Os usuários pagam um preço nominal pelas refeições.

Essa divisão, nos tipos de restaurante, ajuda a fomentar a compreensão operária da hierarquia interna da firma, sendo, também, um mecanismo eficiente de controle do ritmo e pontualidade dos trabalhadores.

Notamos a existência de um conflito latente nas horas do almoço, uma vez que os "peões" sabem que as refeições oferecidas pela fábrica, embora do tipo industrial, são muito melhores do que aquelas que conseguem deixar em casa para suas famílias. O ambiente descontraído, experimentado mais tarde, em F.2, não existia em F.1. As horas de almoço são tensas no refeitório dos "peões", onde, também, conseguimos almoçar diariamente.

As refeições são tema freqüente nas preocupações diárias da gerência de recursos humanos e dos trabalhadores em geral. As psicólogas da Divisão de Recrutamento, Seleção e Treinamento já nos tinham informado desse elemento importante nas reclamações que costumavam ouvir na época dos testes de admissão e, mais tarde, durante o trabalho de campo, quando os trabalhadores avaliavam os limites do seu padrão de consumo. Há freqüentes revelações sobre os "bodes"* que os operários levavam para casa, especialmente comida (pão) e roupa (uniformes). Ansiedade, aflição e fadiga também emergem na hora do almoço. A ansiedade é demonstrada no volume e velocidade em que os grandes pratos de feijão com arroz são, literalmente, devorados.

Em F.2, o restaurante tem apenas uma unidade e um tipo de comida. Há apenas uma divisão entre grupos de turno, de maneira a não prejudicar o fluxo da

* O *Dicionário do Peão,* publicado pelo jornal do Sindicato dos Trabalhadores Petroquímicos, define "bodes" como o "material que o peão leva para casa (confisca) da fábrica sob o nariz do vigilante". SINDIQUÍMICA, maio/junho de 1979.

produção, e para evitar a confusão na hora do almoço. Essa providência elimina praticamente a "mistura" nas mesas de almoço. O pessoal administrativo e a gerência almoçam com seus iguais, e o pessoal de produção com seus companheiros. Isto se encontra em oposição à prática democrática proposta, como extensível a todos os níveis da administração da fábrica. De qualquer forma, a razão dada para esta discriminação real (isto é, não causar confusão) já é suficiente para justificar a separação.

Em F.2, o único restaurante é do tipo "bandejão". Há dois grupos de trabalhadores que almoçam entre 11:00 e 11:30 da manhã e os grupos da administração que almoçam às 12:00 horas. Todos sentam às mesmas mesas, incluindo a direção da fábrica. A comida, além de ser mais diversificada, é muito mais higiênica do que em F.1. Há sempre duas opções de tipos de carne, e o leite disponível é relativamente abundante e, ocasionalmente, no meio da tarde, pode-se obter uma merenda no refeitório. A abundância, qualidade, limpeza e o serviço eficiente são mais um motivo para o orgulho ou formas de gratidão, que os trabalhadores são inclinados a demonstrar pela "mãe-fábrica"[4]. Não faz diferença para eles o fato de uma força de trabalho bem alimentada, mais sadia e satisfeita, também ser mais produtiva e leal. Essa não é a transação ideológica que permeia a compreensão dos operários "afluentes", de F.2, como não parece ser, também, intenção explícita por parte da gerência. Fomos deixados com a conclusão de que, na fábrica, o restaurante é um outro departamento que funciona bem, e que ninguém tem do que reclamar uma vez que não existe nada melhor nas redondezas.

7.2 Transporte

A questão do transporte para a sede da fábrica está presente em muitas das reclamações espontâneas dos trabalhadores de F.2. Uma vez que esta fábrica se localiza dentro dos limites urbanos de Salvador, a companhia não se sente obrigada a oferecer transporte gratuito para os empregados. Acontece que o sistema de transporte urbano em Salvador é reconhecidamente pobre e ineficiente. Os operários reclamam do número excessivo de horas dispendidas na espera pelos ônibus, antes que possam chegar à fábrica. Muitos afirmam que adicionando o número de horas gastas viajando, às horas normais do turno, mais as habituais horas extras, restava pouco tempo livre para resolver um problema pessoal ou para ir a um médico especialista, por exemplo. Por esse motivo, algumas vezes são obrigados a faltarem ao trabalho, causando problemas disciplinares. Esse problema é parti-

4. O próprio cozinheiro expressou sua gratidão durante seu desempenho, na nossa primeira peça de teatro, "F.2 79"; em seus diálogos, T. improvisou uma apologia à fábrica, batendo na chapa de zinco que estava pendurada no cenário, com o símbolo da firma e disse: "Essa é a nossa mãe... Essa é a mãe de verdade da gente."

cularmente complicado para aqueles que trabalham no turno da noite. É difícil e perigoso voltar para casa depois da meia-noite e, mais ainda, deixá-la de madrugada, tempo em que não há qualquer transporte regular. Muitos têm que andar quilômetros antes de tomar o ônibus, principalmente aqueles que vivem nos subúrbios.

No caso de F.1, as reclamações, embora menos freqüentes, resumem-se às longas caminhadas e ao perigo de estar exposto a assaltos no meio da noite. Na verdade, a percentagem daqueles que revelavam nas entrevistas de saída, que o transporte oferecido pela fábrica era excelente ou bom é marcadamente elevada. Existe um esquema de transporte de ônibus, planejado pela empresa para servir não só àqueles que estão vivendo na periferia de Salvador, como também àqueles que vivem nas pequenas cidades circunvizinhas.

Contudo, se o transporte é de boa qualidade (ônibus novos e confortáveis), o tempo gasto dentro dos ônibus, devido à incessante carga e descarga de passageiros, em alguns casos, alcança quase três horas. Há ônibus que seguem rotas através de várias áreas da cidade, antes de chegarem à estrada que leva até a fábrica. Alguns empregados têm que tomar o ônibus antes das 06:00 horas da manhã e permanecer dentro dele até as 08:00 horas, rodando pela cidade antes de entrar na estrada. Outros empregados saem da fábrica no horário regular de 17:00 horas, somente alcançando suas casas por volta das 19:00 horas ou mais tarde. Fizemos várias dessas rotas e algumas delas são realmente exaustivas, acrescentando-se que muitos trabalhadores têm que atravessar grandes terrenos baldios, andando.

Ao tempo da pesquisa, os metalúrgicos da área do ABC, em São Paulo, estavam discutindo a possibilidade de reivindicar o pagamento das horas gastas em transporte, como horas de trabalho. No caso da Bahia, por outro lado, a reivindicação, fraca e não muito clara, era de que o transporte fosse efetivamente fornecido. O caráter incipiente das reivindicações dos metalúrgicos baianos pode, inicialmente, ser bem ilustrado por esse tópico. Em um caso (F.1) havia o sentimento de gratidão, mesclado às reclamações. No outro caso (F.2), a ausência de uma organização coletiva para colocar a reivindicação não permitia a materialização dos direitos legalmente garantidos. A justificativa, do ponto de vista da empresa, era que o reduzido número de trabalhadores e a variedade de áreas para serem atendidas tornavam qualquer esquema inviável.

No caso de F.1, os ônibus escalonados também provaram ser uma eficiente forma de controle do absenteísmo operário. O número de bancos vagos, em cada ônibus, era registrado por um empregado que tinha a responsabilidade de levar essa informação à pessoa encarregada do sistema de transporte.

7.3 Serviços Médicos

Em ambas as empresas, há serviços médicos de emergência, os quais encaminham os operários para uma clínica privada, quando necessário. As empresas têm acordos assinados com a clínica, de forma que a ajuda médica especializada possa ser oferecida a preços reduzidos aos operários. São freqüentes as reclamações contra a qualidade dos serviços médicos, considerados vagarosos e insuficientes em relação ao cuidado de seus pacientes. Também notamos uma falta de comprometimento dos médicos no atendimento aos operários, assim como uma defesa clara dos interesses da gerência. Os médicos, por exemplo, consideram os trabalhadores responsáveis pelos acidentes de trabalho, considerados como causados pela falta de cuidado. Os médicos e gerentes vêem as doenças dos trabalhadores como resultado da ignorância e negligência operária em relação à alimentação e higiene.

Para tratamento mais longo, que requeira mais de quinze dias, os trabalhadores são assistidos por clínicas e hospitais do INPS. As firmas pagam os salários dos primeiros quinze dias de licença médica, após os quais o INPS continua a pagar 70% do salário, até o máximo de dois anos.

A existência do serviço médico interno e a compensação por licença de saúde é apreciada pelos operários de ambas as fábricas. Esses benefícios, conseqüentemente, contribuem para fomentar a gratidão dos trabalhadores e os seus sentimentos de lealdade para com as firmas, especialmente em F.1, onde alguns operários não tinham tido anteriormente qualquer acesso à ajuda médica.

Escrevendo acerca das estratégias de sobrevivência da população de um bairro pobre de Salvador, Vianna (1980) afirma:

> "Os gastos com saúde não compõem um item previsto no orçamento doméstico. Geralmente são encarados como "gastos extraordinários", não havendo, uma destinação fixa para despesas com remédios, médicos, hospitais, etc. Para aqueles trabalhadores que possuem vínculo formal de emprego, o INPS constitui serviço básico a que recorrem sempre que necessário. Entretanto, as reclamações com relação à demora e ao mau atendimento do INPS são muitas e os empregados de certas firmas que oferecem serviços médicos próprios só procuram hospitais do INPS em casos de internamento hospitalar. Sabe-se, embora os usuários não tenham informação sobre isso, que esse tipo de sistema (é o que existe nas fábricas de sisal próximas à Nova Brasília), pelo qual as empresas mantêm consultório médico e dentário no próprio local de trabalho e propiciam assistência médica a seus empregados, é sustentado por convênios financeiros entre as empresas e o INPS. Os recursos provêm, assim, em última instância, do desconto do trabalhador" (pág. 201).

Acontece que os termos dos acordos assinados pelas duas firmas, o INPS e a clínica particular, não eram conhecidos pelos operários. No Brasil, as firmas são responsáveis pela transferência das deduções dos trabalhadores para o INPS. O fato de que os operários e suas famílias tinham acesso a clínicas privadas, além dos hospitais do INPS, e de que podiam, também, procurar os médicos da empresa para problemas menores, era bastante para fazê-los satisfeitos com os serviços disponíveis. Eles também não estavam cientes do controle exercido sobre sua capacidade de trabalho, pelas fábricas, através da restrição de emissão de certificado médico, para justificar licença de saúde, a ser dada apenas pelos médicos da empresa.

8. Resumo

Neste capítulo, tentou-se, primeiramente, estabelecer uma visão geral do Centro Industrial de Aratu e das duas fábricas estudadas, junto com sua contextualização e relevância no desenvolvimento industrial da Bahia, no final da década de 60 e nos anos 70.

Em segundo lugar, enfatizou-se o papel do SMS no processo de "adequação" dos metalúrgicos engajados em "Aratu".

Em terceiro, uma descrição sumária da força de trabalho e do processo de trabalho, adotado em ambas as fábricas, foi ensaiada. As principais categorias de trabalhadores e tipos de tarefas foram então descritas, uma vez que constituirão as bases de análise a serem conduzidas nos próximos capítulos.

Finalmente, as informações básicas acerca dos benefícios empregatícios, disponíveis nas duas fábricas, foram sumariadas no sentido de completar o quadro, a partir do qual as disposições ideológicas dos metalúrgicos serão delineadas.

Esta informação básica será utilizada nos próximos capítulos. Inicialmente, servirá como base para as explicações sobre os dados de procedência dos operários, que são o objetivo do capítulo IV.

Capítulo IV
O *BACKGROUND*

1. Introdução

Nosso primeiro contato com os operários começaram no Departamento de Recrutamento, Seleção e Treinamento de F.1. Nossa primeira atividade, ali, era atender os operários à procura de emprego na fábrica. Alguns dias, chegávamos a conversar com até trinta operários. Costumeiramente nos entregavam suas "carteiras de trabalho" estragadas, com as mãos tremendo, faces ansiosas, olhos vermelhos e cansados, provavelmente devido à fadiga e poucas horas de sono, e esperavam por nossas instruções. A oferta de trabalho não-qualificado era abundante, e a demanda muito limitada. Algumas vezes, era difícil permanecer distanciado enquanto os operários esperavam para serem atendidos, às vezes, durante uma manhã inteira. Muitos deles, famintos e cansados, caminhavam por vários quilômetros a fim de chegarem à fábrica de manhã cedo. Ali permaneciam à mercê da disponibilidade das psicólogas e/ou supervisores encarregados das entrevistas de admissão. Suas chances de realmente obter um emprego eram tão remotas que, algumas vezes, tínhamos a impressão de que muitos haviam chegado ao escritório apenas para garantir a refeição daquele dia (a fábrica oferecia uma refeição gratuita àqueles que tinham que permanecer depois do almoço para uma entrevista de seleção). Muitos quase brigavam pelos cafezinhos servidos no Departamento, talvez o único alimento ingerido naquele dia.

Algumas vezes, conflitos brotavam no escritório, e a diplomacia das duas psicólogas não era suficiente para sustar a onda de agressividade. Os homens do Departamento de Segurança Industrial eram então chamados para acalmarem os operários. Os conflitos eram, usualmente, controlados sem muito esforço, e, de maneira geral, a atmosfera era tolerável.

Os candidatos aos cargos qualificados não tinham que esperar sua vez. Usualmente, chegavam ao Departamento já recomendados para funções, cujas vagas tinham sido abertas recentemente. Passavam quase que imediatamente ao escritório das psicólogas encarregadas das entrevistas e testes de seleção. Os outros eram, principalmente, "peões de trecho", iniciantes com algum emprego temporário na construção civil, ou assistentes em uma das fábricas vizinhas. Após satisfazerem os requisitos mínimos de alfabetização e provarem alguma experiência anterior de trabalho, eram enviados para a sala contígua, para preenchimento do formulário de recrutamento.

Em F.2, contudo, as condições eram diferentes. A taxa de rotatividade era muito mais baixa[1] e não havia fila de recrutamento. Constatava-se escassez de vagas, e o recrutamento era geralmente feito por recomendação de trabalhadores antigos. Conseqüentemente, não se verificava a confusão diária, e conflitos ocasionais não existiam. Nossos contatos com os operários começavam nas mesas de almoço e nas dependências da fábrica. A primeira impressão era diferente daquela obtida em F.1. Os trabalhadores pareciam mais jovens, mais descontraídos e em melhores condições de vida. Existia uma percentagem menor de "peões", que eram, principalmente, ajudantes contratados para fazerem a limpeza e outros trabalhos manuais não-qualificados, como entrega e recepção de peças. A atmosfera era menos tensa, e confrontações entre os operários e supervisores, ou disputas com o DRI acerca de benefícios, eram raras.

Nenhuma mulher estava empregada nas duas fábricas em funções relacionadas com a produção. Mulheres apareciam para fazer limpeza e varreção de escritórios. Funções similares, na sala de fornos de F.1 e salas de montagem de F.2, eram desempenhadas por homens. A ausência de empregos para mulheres, em qualquer função fabril, não era considerada ou mesmo questionada. De qualquer forma, a ausência de mulheres treinadas, para as funções qualificadas existentes, era largamente reconhecida.

2. Posição no Ciclo da Vida

A primeira impressão, proporcionada pela experiência diária nas fábricas, era a de que estávamos lidando com uma população muito mais velha do que a indicada pelos dados. As informações das entrevistas de campo estruturadas mostraram que 68,4% os operários em F.1, e 72,5% em F.2, possuíam menos de 32 anos de idade. Entre os operários não-qualificados, contudo, esses números alcançaram quase 92% a 100%, respectivamente, diminuindo entre os semiqualificados e os qualificados.

Em F.1, a alta taxa de rotatividade, embora tivesse declinado nos últimos anos, era largamente responsável pela pouca idade dos operários não-qualificados. Certa vez, a gerência informou-nos, orgulhosamente, que 173 operários já estavam recebendo bônus por quinqüênios, e que 123 funcionários estavam recebendo "bônus" por três anos de serviço. Estes números representavam 22,7% e 16,1%, respectivamente, dos 762 funcionários de F.1, naquela época.

---

1. A taxa de rotatividade em F.1, em 1978, foi de 28%; embora em 1975 tivesse sido de 49,8%. A taxa de rotatividade para F.2, em 1979, foi de 10%.

O relatório de pesquisa, realizada pela SETRABES, acerca dos operários industriais baianos, em 1967, informa que "(...) o operário é, em geral, um homem cuja idade vai variar entre 18 e 49 anos. Os que estão fora desta faixa representam minoria (9,2%). A distribuição etária, dos operários entrevistados, apresenta uma concentração mais acentuada na faixa de 18 a 29 anos (39,3%), na faixa de 30 a 39 anos (29,4%) e na faixa de 40 a 49 anos (22,1%)" (SETRABES, op. cit.: Vol. I:48). Aquele levantamento também mostrou que, no setor metalúrgico, a percentagem de operários entre 18 e 29 anos de idade era de 63,6%. Doze anos mais tarde, portanto, os metalúrgicos continuavam, *grosso modo,* na mesma categoria de idade indicada na pesquisa citada anteriormente.

Outra descoberta significativa, das entrevistas estruturadas, foi que a maioria dos operários era casada. De fato, mais de 76% dos entrevistados em F.1 e 78,4% em F.2 eram casados. Estas freqüências, contudo, eram mais elevadas entre os qualificados: 97,3% e 86,8%, respectivamente. O levantamento da SETRABES mostrou que 54% dos trabalhadores do Estado da Bahia, em 1967, eram casados. (Idem, Tabela IV:52.) Esse levantamento foi mais extensivo abrangendo uma variedade de setores e regiões, o que deve ter contribuído para uma percentagem mais baixa de operários casados em sua amostragem.

Como resultado, uma preponderância de operários com filhos era de se esperar. De fato, as entrevistas estruturadas indicam que a percentagem de trabalhadores com filhos é alta em ambas as fábricas: 78,2% em F.1 e 66,7% em F.2. A freqüência no número de filhos era mais alta no grupo de operários que possuía de um a quatro filhos. Enquanto em F.1, estes alcançavam 63,4%, em F.2 a freqüência era mais baixa: 54,9%. Esta percentagem alcançava 89,2% entre os operários qualificados de F.1. Além disso, o número de operários que tinha outros dependentes, além dos seus próprios filhos, era muito alto: 51,5% em F.1 e 43% em F.2.

O levantamento da SETRABES indicou que a unidade familiar média do operário metalúrgico baiano, em 1967, era composta de 5,6 pessoas. (Idem, Vol. I dos Anexos, Tabela I-20.) A média para Salvador era de 4,9 e esta alcançava uma taxa mais elevada em outras cidades menos desenvolvidas do interior baiano. Nossa pesquisa foi limitada à RMS, na qual esperava-se que os padrões familiares fossem do tipo "urbano". Isso poderá explicar por que as unidades familiares, registradas nas entrevistas, são ligeiramente menores do que aquelas registradas pela SETRABES, há doze anos atrás, o que sugere uma tendência no sentido da nuclearização.

Também poderá ser insinuado, que os metalúrgicos baianos casam-se cedo e que têm um número relativamente pequeno de filhos em termos brasileiros ou baianos. Isso pode ser explicado por sua pouca idade[2] e preponderância de ca-

2. As entrevistas estruturadas também mostravam que 41,6% dos operários de F.1 e mais de 46% em F.2 tinham menos de 28 anos de idade.

samentos recentes. Também existia a crença de que o "tempo atual não permite se ter muitos filhos" (um ditado coloquial, freqüentemente repetido nas entrevistas).

Referências freqüentes foram feitas à idéia de que as crianças devem estudar numa sociedade que está tornando-se mais e mais exigente. Os operários, muitas vezes, mencionaram que estava ficando cada vez mais difícil encontrar uma ocupação e sobrevivência decentes, no setor informal do mercado de trabalho, que se constituía a única fonte de renda para aqueles com poucos anos de escolaridade. A ênfase dada à educação das crianças parecia estar diretamente relacionada ao entendimento de que a meta educacional só poderia ser alcançada se o número de crianças, por família, fosse limitado.

O número de operários entrevistados, cujas esposas trabalhavam fora, era pequeno – cerca de 15% em ambas as fábricas. A maioria das esposas estavam em ocupações remuneradas de baixa renda, não-qualificadas, ou eram remuneradas por tarefas que não interferiam no trabalho doméstico e na criação dos filhos; como por exemplo *boutique* doméstica ou lavagem e costura de roupas. A contribuição destes ganhos para a renda familiar era, notavelmente, pequena em termos financeiros, e era, freqüentemente, descrita como suficiente para "ganhar uns trocados", pelos esposos. O número de outros membros da família (principalmente irmãos e outros parentes) que também trabalhavam era relativamente pequeno: menos de 22% em ambas as fábricas.

Os dados indicam o peso das responsabilidades familiares e das obrigações financeiras sobre os operários nessa fase de suas vidas. Esta carga se tornava mais pesada, pelo fato de que muito poucos operários tinham outras fontes de renda, além dos seus próprios salários. As principais fontes de ganhos adicionais eram provenientes do comércio ambulante, pequenos reparos, e somas insignificantes obtidas de aluguéis de pequenos barracos. De fato, menos de 10% dos operários da amostra de F.1, e menos de 14% de F.2 possuíam outros ganhos pessoais, além do salário nas fábricas.

3. Locais de Residência e Condições Habitacionais

A localização das duas fábricas é um fator muito importante no entendimento dos vários aspectos do *background* dos trabalhadores. A maior disponibilidade de serviços oferecidos na cidade de Salvador, quando comparados àqueles das cidades pequenas, recentemente sacudidas pelo advento da industrialização, era evidente. Muitas daquelas cidades não tinham sequer um cinema regular e as atividades de lazer limitavam-se aos programas de televisão, participação em jogos improvisados de futebol e jogos caseiros, tais como dama, dominó e baralho.

Nenhuma das cidades tinha uma filial do SMS. O número de "sociedades de bairro" era pequeno e outros centros comunitários, tais como bares e clubes, tinham uma existência precária, devido à falta de recursos e demanda. Os padrões de consumo eram marcadamente baixos, quando comparados com os da capital. Os hábitos de consumo das populações nessas pequenas cidades eram comparáveis, apenas, aos da população mais pobre da periferia de Salvador. Contudo, o número de trabalhadores de ambas as fábricas, que viviam nessas áreas empobrecidas, era relativamente pequeno quando comparado com a maioria daqueles que viviam nas pequenas cidades, no caso de F.1 (47,5%), ou mais próximo do centro de Salvador, no caso de F.2 (76,5%). Além disso, os dados das entrevistas estruturadas indicam que o número de proprietários de imóveis era mais elevado em F.1 (47,5%) do que em F.2 (33,4%).

Mais de 68% dos operários não-qualificados, de F.1, eram proprietários de suas casas. A maioria desses operários (63,6%) viviam nas pequenas cidades, onde a possibilidade de aquisição de uma casa era mais fácil, uma vez que os terrenos eram mais baratos e podiam ser comprados em prestações relativamente baixas. Isto conta para a maior percentagem daqueles que possuíam casa própria em F.1, a qual, na sua maioria, recruta sua força de trabalho não-qualificada nessas pequenas cidades. Também encontramos um pequeno número de operários que havia nascido em Salvador e que se mudara para essas pequenas cidades onde, além das maiores possibilidades de acesso aos pequenos terrenos, o aluguel era mais baixo do que em Salvador. Algumas dessas casas de baixa renda foram visitadas e, geralmente, tinham uma aparência melhor do que aquelas da periferia de Salvador.[3]

As pequenas casas eram construídas pelo próprio morador em seu tempo livre e nos finais de semana; os materiais de construção também eram adquiridos em prestações mensais. O processo de construção usualmente seguia os mesmos padrões: devagar e nunca completado. Os operários estavam sempre acrescentando novas melhorias em suas casas, às vezes trabalhando sozinhos, às vezes com a ajuda de membros da família, vizinhos e amigos. Mudavam-se para as casas tão logo os primeiros cômodos estivessem acabados, para evitar pagar aluguel pela casa antiga e mais as despesas pela construção do novo lar. Novos cômodos eram adicionados, logo que tempo e dinheiro se tornavam disponíveis.

4. Mobilidade Geográfica

Os dados das entrevistas estruturadas demonstram, em primeiro lugar, que os operários em F.1 nasceram em cidades pequenas do Recôncavo e alhures (40,6%); segundo, no meio rural (35,6%); e terceiro, na área de Salvador (23,8%).

3. O levantamento da SETRABES mostrou que 50,9% dos metalúrgicos de Salvador, em 1967, possuíam suas próprias casas.

Os operários não-qualificados, que nasceram nas pequenas cidades, perfaziam menos de 45% da amostra, uma percentagem pouco superior àquela dos operários semiqualificados (42,9%), que nasceram em lugares similares.

Em contraste, os dados das entrevistas estruturadas também mostram que mais de 60% dos operários de F.2 nasceram em Salvador e somente 15,7% eram nascidos no meio rural, tanto do Recôncavo como de outras regiões. Também nessa fábrica, entre os operários qualificados, a percentagem dos nascidos em Salvador alançava 65,8%, decrescendo entre os operários semiqualificados para 50%, e para 44,4% entre os não-qualificados.

A percentagem de operários do meio rural, em F.1 (35,6%), era relativamente baixa, considerando que esta fábrica está localizada num sítio, que era, originalmente, parte de uma importante região agrícola. Uma percentagem similar provavelmente será encontrada em outras fábricas de "Aratu", perto de F.1; mas num tipo de indústria urbana, tal como F.2, operários com passado rural perfaziam menos do que 16% do total. Este fato é ainda menos significativo, quando sabemos desses operários com origem rural que tinham vivido em um ou dois lugares não rurais, antes de se estabelecer na sua residência atual.

As entrevistas estruturadas também mostram que, em F.1, a percentagem de operários que eram nascidos e continuavam vivendo em Salvador era pequena (15,8%). Essa era mais alta apenas do que a percentagem daqueles que haviam nascido em outros municípios do Recôncavo e permaneciam residindo ali (11,9%). Como foi mencionado anteriormente, um grande número (47,5%) de operários em F.1, viviam em pequenas cidades do Recôncavo. Entre os operários não-qualificados, essa percentagem aumentava para 63,6%. Além disso, 45,5% dos operários não-qualificados de F.1 continuavam vivendo em seus lugares de nascimento, isto é, nas pequenas cidades do Recôncavo. Esses operários se mudavam freqüentemente de uma cidade para outra à procura de melhores condições ou de um terreno que pudessem comprar e no qual construir casas para suas famílias.

A percentagem daqueles que continuavam vivendo no seu lugar de nascimento (Salvador) era alta em F.2 (45,1%). Entre os operários qualificados essa percentagem alcançava 52,6%. Se se adiciona a percentagem daqueles operários de F.2, que tinham vivido em até três diferentes municípios, o total é de 52,99%, enquanto que, em F.1, esta é de 62,4%. Além disso, em F.1 essa percentagem aumentava 67,6% entre os qualificados, e 76,2% entre os semiqualificados.

Esses padrões de migração não apresentaram qualquer aspecto inesperado. Havia casos freqüentes de operários que tinham vindo sozinhos dos seus locais de nascimento para "tentar a vida" na cidade de Salvador, inicialmente residindo com parentes. Outros imigraram com suas famílias, quando eram crianças e tinham memórias tênues em relação ao seus locais de nascimento. Também havia aqueles que tinham deixado seus lugarejos e se estabeleciam nas pequenas cidades da RMS, por acidente, sem qualquer plano definitivo de ali permanecerem.

Este é o *background* de muitos que viviam nas comunidades próximas à F.1. A maioria desses trabalhadores esperava se estabelecer definitivamente em Salvador. Contudo, havia outros que tinham vivido na capital e que se mudaram à procura de terreno mais barato, onde pudessem construir suas casas. Operários semiqualificados e não-qualificados, que já tinham família, constituíam o grosso desse último grupo.

No caso de F.2, 35,3% dos operários tinham vivido em apenas um local antes da sua atual residência em Salvador ou em sua periferia, e apenas 17,6% tinham vivido num segundo ou terceiro lugar, após deixar seu local de nascimento. Esses eram, inicialmente, operários que tinham retornado a Salvador, após experiências de trabalho mal-sucedida, em estado do sul do país, notadamente em São Paulo.

5. Origem Familiar

As entrevistas estruturadas revelaram que agricultura e comércio retalhista haviam sido as mais freqüentes ocupações dos pais dos operários, em ambas as fábricas. Em F.1, a agricultura representou 25,2% dessas ocupações e 15,4% em F.2.

São poucos os trabalhadores com uma longa tradição operária na família. A freqüência de ocupações paternas, que poderiam ser consideradas tipicamente "operárias" é insignificante. Além disso, entre essas ocupações algumas são difíceis de identificar como trabalho fabril, uma vez que os operários foram bastante imprecisos em relação a este item. Algumas ocupações, tais como eletricista, ferreiro, mecânico e estofador poderiam ter sido executadas em fábricas, como trabalho por conta própria, ou em trabalho ocasional em pequenas oficinas.

É relevante o número, relativamente alto, de pais de operários que se aposentaram. As queixas em relação aos baixos valores das aposentadorias eram freqüentes, especialmente porque os pais aposentados, que em sua maioria recebiam benefícios insuficientes da previdência social, tinham que ser sustentados pelos filhos ainda ativos.

O número de operários com pais que não sabiam ler e escrever era relativamente baixo (28,7% em F.1 e 17,7% em F.2) quando comparado com os índices para a RMS. A percentagem de pais de operários com alguma escolaridade, ou seja, até a educação primária completa, era mais elevada em F.2 (70,6%), contra (64,3%) em F.1. Na verdade, dos 152 operários entrevistados, nas duas fábricas, havia apenas um de F.1 cujo pai havia completado a educação técnica.

6. Experiências de Desemprego

Em F.1, 41,6% dos operários afirmaram nunca terem experimentado desemprego, enquanto que em F.2 essa percentagem era de 49%, com uma pequena variação, de acordo com o nível de qualificação. O número de vezes que tinham estado fora do mercado de trabalho era relativamente pequeno e similar; 46,5% dos informantes, em F.1, tinham estado desempregados no máximo duas vezes, enquanto que em F.2, 47,1% tinham tido o mesmo número de experiência de desemprego. Novamente, nenhuma variante significativa entre níveis de qualificação foi registrada.

A maioria dos trabalhadores não-qualificados tinha trabalhado, previamente, no setor informal ou em trabalho temporário na construção civil. Nestes dois setores, desempregos temporários não são contados como desempregos reais pelos operários, por causa da natureza ocasional do trabalho no primeiro setor e, também, por causa da costumeira e presumivelmente alta taxa de rotatividade no segundo setor. Isto, provavelmente, contribuiu para que o número de experiências de desemprego, relatadas, fosse pequeno. Em ambas as fábricas, os períodos declarados de desemprego eram relativamente curtos. Havia maior predominância daqueles que estiveram fora do mercado de trabalho por um período máximo de três meses. A natureza ocasional, de grande parte das experiências prévias de trabalho, particularmente, na indústria da construção, condicionava os "peões" a encarar e aceitar o trabalho ocasional como inevitável. Portanto, a oportunidade de trabalhar fixamente num emprego fabril era vista como um meio de assegurar um modo de vida tolerável e estável.

A idade relativamente jovem dos operários contribuía para o fato de que as carreiras de trabalho eram ainda curtas e, portanto, não passavam por aquelas situações vexatórias de desemprego que se poderia esperar. Uma vez que os operários tinham experiências prévias de trabalho limitadas, era difícil para eles estabelecer comparações e encarar seus empregos atuais objetivamente; a meta era a segurança no emprego.

7. Educação

A primeira evidência no tópico da educação era a quase completa ausência de operários analfabetos. Apenas dois dos 152 operários, incluídos na amostra, das duas fábricas, declararam-se analfabetos.

Era evidente a ênfase colocada na educação pelos trabalhadores, como um canal seguro para a mobilidade social ascendente, e se tornava mais clara, ainda, quando eram perguntados acerca de seus projetos de vida, os quais serão discutidos em capítulo posterior.

As barreiras contra a entrada de trabalhadores com baixa escolaridade na força de trabalho das duas fábricas, e na competição pelas oportunidades de promoção e treinamento adicional eram bastante efetivas. Essas barreiras reforçavam a idéia de educação como a meta maior para os filhos dos operários. As freqüentes recordações daquelas barreiras também contribuíam para a ânfase dada à educação, ao nível de discurso, como uma necessidade para a nova geração, já que os filhos tinham que ser salvos de passarem pelas mesmas experiências dolorosas dos pais. As longas esperas por entrevistas de emprego, que raramente se materializavam, apareciam repetidamente nas queixas dos operários não-qualificados, afirmavam: "não queria que as mesmas coisas acontecessem aos seus filhos".

Embora nem a leitura, nem a matemática fossem necessárias para as funções não-qualificadas, ambas as fábricas exigiam alguns anos de escolaridade dos homens recrutados (um mínimo de três anos de escolaridade, em F.1, e educação primária completa, em F.2). No caso de F.1, essa política era adotada, explicitamente, como um mecanismo de discriminação entre os incluídos na oferta abundante de trabalho não-qualificado, um verdadeiro exército industrial de reserva. Por outro lado, havia o cuidado na Unidade de Cabos, em se empregar somente aqueles que tinham educação primária completa, mesmo para as funções não-qualificadas. Tais operários, acreditava-se, eram mais adaptáveis ao trabalho e às necessidades fabris, isto é, eram mais receptivos e polidos. Em ambas as fábricas, a escolaridade era considerada um fator de seleção.

A exigência de alguma educação formal para a admissão de novos operários era quase sempre cumprida, mas, quase em contradição, alguns "peões" eram admitidos sem realmente saber escrever ou ler. Esses eram operários que tinham um mínimo de três anos de escolaridade adquirida muito irregularmente, freqüentando escolas pequenas e mal equipadas dos bairros da periferia, ou que se mudavam de uma escola para a outra, seguindo a mobilidade familiar. Nessas escolas de "uma-sala-de-aula", estudantes de diferentes graus assistem às mesmas aulas, enquanto que são ministradas por leigos incapazes de esconder seu desapontamento por terem sido forçados, pela falta de alternativas, a se tornarem professores de escola primária.

Em F.1, operários analfabetos não eram sequer considerados para entrevistas de seleção para funções não-qualificadas. Numa região, com uma alta percentagem de analfabetos integrados à população economicamente ativa, a exigência de alguma escolaridade representava um mecanismo útil, seletivo, de discriminação, que dificultava a entrada no trabalho industrial, para larga parcela da população recrutável. Naturalmente, havia casos de candidatos que burlavam as regras estabelecidas, utilizando protetores influentes ("pistolões"). Contudo, esses eram em número reduzido, uma vez que a obtenção de tal protetor requeria certo grau de penetração no universo urbano, ao qual operários com baixa escolaridade tinham muito pouco acesso.

De acordo com as entrevistas estruturadas, em ambas as fábricas, o maior grupo isolado de operários era aquele que se classificou como possuindo educação secundária incompleta (de seis a doze anos de escolaridade). Esses operários perfaziam 39,6% da amostra em F.1 e 51,0% em F.2. Obviamente, essa percentagem era mais alta entre os operários qualificados em ambas as fábricas: 64,9% em F.1 e 65,8% em F.2. Não obstante, é necessário explicar que entre esses operários, os anos de escolaridade variavam desde a freqüência a uma escola secundária, por apenas um ano, àqueles que alcançaram até o último ano da educação secundária, mas que não chegavam a se graduar. O maior grupo compunha-se daqueles que tinham freqüentado apenas os dois primeiros anos do velho "ginásio". A taxa de evasão escolar era alta, contribuindo, além da freqüência intermitente, para uma educação precária.

No caso de F.2, também podemos explicar que a mais alta ocorrência de operários, com alguma educação secundária, era resultado da maior freqüência de funções qualificadas nessa fábrica, especialmente na operação de tornos e na soldagem. O treinamento para estas funções era oferecido pelo SENAI, que também tem preferência por treinandos que estejam freqüentando escolas secundárias.

A pequena participação de operários qualificados, com educação técnica, no total das duas amostras, é evidente. Em F.1 eles representavam apenas 6,9% do total, mas chegavam a 17,6% em F.2, como resultado de exigências técnicas e habilidades de trabalho, necessitados pelos processos tecnológicos, usados naquela fábrica. Contudo, os dados indicam que apenas 4% das respostas fornecidas pelos operários entrevistados, em cada fábrica, afirma que eles tenham realmente aprendido suas qualificações nas escolas técnicas. Isso ocorria porque, especialmente em F.2, a maioria das funções qualificadas tinha que ser desempenhada com alto grau de destreza e maestria dos equipamentos, que o simples treinamento escolar não seria capaz de fornecer. Muitos operários sentiam que seus treinamentos nas escolas técnicas não tinham sido suficientes para que aprendessem suas funções e, portanto, preferiam responder que, na verdade, também tinham aprendido suas funções dentro da fábrica.

Nas duas fábricas, a maioria dos operários compunha-se de antigos freqüentadores de escolas públicas. Isso combina perfeitamente com o fato de que a proveniência operária era de grupos de baixa renda que, normalmente, freqüentam essas escolas, as quais, por sua vez, oferecem ensino de pior qualidade. Havia, ainda, uma forte aspiração por parte dos operários para freqüentar escolas públicas noturnas. Este desejo era raramente satisfeito, por causa da impossibilidade de uma freqüência regular, devido ao trabalho de turno e à fadiga diária. Dessa forma, o desejo de adicionar alguma escolaridade ao *curriculum* era novamente prejudicada.

Alguns operários demonstravam certo orgulho por possuírem maior grau de escolaridade, em relação àqueles da geração passada. De fato, enquanto 93% dos pais, em F.1, e 88% em F.2, tinham completado somente a educação primária, ou menos, a percentagem de operários, no mesmo grau de escolaridade, era de 47,5% e 23,5% para F.1 e F.2, respectivamente. Mesmo assim, justificavam o que parecia ser falha de seus pais em fornecer melhor educação para eles. Diziam: "Eles não podiam fazer nada melhor porque, no tempo deles, a pessoa que podia ler e escrever já era uma pessoa respeitada (sic)." Ou, "meu pai e minha mãe não estudaram, como eles podiam lutar mais pelo nosso estudo?". Ou, "hoje em dia todo mundo tenta estudar de uma forma ou de outra, do contrário não dá".

Muitos operários, com pouca escolaridade, afirmavam que não podiam ler os jornais porque suas habilidades de leitura não eram adequadas ("a leitura não dá"). Os mais afortunados desse grupo tinham acesso à informação através de programas de televisão e, freqüentemente, usavam expressões divulgadas nesses programas.

O baixo grau de escolaridade também colocava dificuldades no caminho dos operários semiqualificados, que queriam utilizar as raras oportunidades de treinamento, oferecidas nas duas fábricas. Aproximadamente 62% desses operários tinham apenas a educação primária completa ou menos. Em F.2, embora numericamente insignificante, eles formavam 75% da amostragem. Na maioria dos casos, aqueles trabalhadores que possuíam pouca educação formal tinham conseguido adquirir o conhecimento técnico, requerido para desempenhar suas funções com dificuldades. Contudo, as promoções dependiam da leitura e interpretação de instruções escritas, o que necessitava uma habilidade de leitura mais avançada. Algumas vezes, estes eram aceitos para os programas de treinamento, mas seu progresso era freqüentemente considerado insuficiente. Essa aprendizagem baixa, então, prejudicava seu acesso a outras oportunidades de treinamento.

8. Treinamento

Os programas de treinamento nas duas fábricas podem, certamente, ser criticados. Tinham um caráter ritualístico, sendo, em geral, programados para responder às exigências governamentais de se fazer uso de fundos compulsórios não-transferíveis. Não atendiam às necessidades de treinamento daqueles em desvantagem, em virtude de uma escolaridade descontínua, nem daqueles operários que não se adaptavam rapidamente ao desempenho de novas tarefas ou funções. Verificou-se um certo imediatismo no treinamento daqueles operários, cujas habilidades não eram facilmente encontradas no mercado de trabalho. Havia, também, uma preferência para o tipo de treinamento que não era caro ou complicado de se conduzir. Isso, por seu turno, não facilitava o avanço dos operários semiqualificados, que eram os mais ávidos a receber treinamento e atingir melhorias em suas habilidades. Para esses operários, os programas eram limitados a um treinamento introdutório ou àqueles de ajustagem a uma tarefa nova ou específica, especialmente em F.1. Embora alguns programas de treinamento fizessem uso de instrutores externos, esses cursos eram, usualmente, de curta duração e atendiam apenas as necessidades imediatas e urgentes da fábrica.

A falta de interesse pela qualidade, e efeitos a longo prazo, do treinamento programado, também era evidente. Havia uma preferência em planejar cursos para promover funcionários de escritório de níveis intermediários, e aqueles em nível de supervisão, na área da produção.

Em F.1, o treinamento para a maioria das funções era realizado, de fato, na própria fábrica. A utilização de técnicos especialmente treinados em metalurgia era relativamente pequena, e se concentrava em tarefas de supervisão, previsão e controle de qualidade. Nessa fábrica, conseqüentemente, as entrevistas estruturadas indicaram que mais de 62% dos operários tinham aprendido as suas funções na própria fábrica. Em F.2, contudo, esta percentagem alcançava apenas 33,8%, pelas razões já mencionadas. Em F.1, essa percentagem era especialmente alta para os operários não-qualificados (75%), e os semiqualificados (66,7%), decrescendo para 56,8% entre os qualificados. Isso se devia ao fato de que uma percentagem considerável desses operários (25,7%) tinha também recebido algum treinamento no SENAI. Em F.2, por outro lado, esta percentagem de operários qualificados alcançava apenas 36,4%.

A distribuição diferenciada de operários qualificados, nas duas forças de trabalho analisadas, refletia-se, também, nas suas respostas em relação à participação dos trabalhadores nos programas de treinamento. Em F.2, notou-se uma alta ocorrência de operários, que tinham feito treinamento inicial ou subseqüente, em cursos regulares oferecidos pelo SENAI (51,6%). Isto incluía casos de operários qualificados que se apresentavam como candidatos para fazer cursos oferecidos, por aquela instituição, e recebiam apenas uma carta de apresentação da firma, ou outros operários qualificados, que terminavam o treinamento no SENAI e eram empregados pela firma, devido a recomendações por parte de seus instrutores.

Outros pacotes de treinamento mais substanciais, com mais de uma hora de duração, eram os cursos oferecidos na própria fábrica com instrutores externos e internos, especialmente em F.1 (43,6%). Em F.2, a freqüência mais baixa, nesses casos, era explicada pelo fato de que para a maioria das funções (soldador, eletricista e torneiro), o treinamento é normalmente oferecido com eficiência pelo SENAI. Nesta fábrica, os cursos oferecidos internamente visavam à destreza no desempenho de uma determinada tarefa (leitura de desenho e matemática industrial, inglês, etc.).

9. Conclusões

Neste capítulo, tentamos descrever o *background* dos metalúrgicos, particularmente em relação às suas posições no ciclo da vida, locais de residência e condições de moradia, mobilidade geográfica, origens familiares, experiências de desemprego, educação e, finalmente, treinamento.

Procederemos, agora, ao sumário das disposições ideológicas resultantes desses tópicos de *background.*

9.1 Posição no Ciclo da Vida

Os dados das entrevistas estruturadas sugerem que os metalúrgicos baianos estavam sobrecarregados por obrigações e responsabilidades familiares. Esse traço é também indicativo de uma importante influência na formação de suas disposições ideológicas. A propósito, Cohen (1982:151 e 152) afirma:

> "A função ideológica da família é experimentada por seus membros enquanto sentimento de responsabilidade familiar. O homem, como chefe da família, por exemplo, mantém-se no emprego não apenas por causa da necessidade econômica. Se ele perdesse o emprego, as dificuldades causadas poderiam ser aliviadas através da entrada de sua esposa e filhos no mercado de trabalho, pelo menos temporariamente. O medo de perder o emprego é também o medo do *estigma* (grifo nosso) de ter falhado em sua responsabilidade como *arrimo de família.* Assim, o assalariado aceita as condições de emprego impostas pelo empregador e reprime a raiva provocada pela sua exploração. Isso reconcilia ideologicamente o trabalhador com a sua posição subordinada no mercado de trabalho(...)"

9.2 Locais de Residência e Condições de Moradia

Na sua grande maioria, os operários de F.2 vivendo em Salvador estavam mais expostos a atividades artístico-culturais, de lazer e atividades associativas da RMS. O acesso dos operários a essas atividades é significativo se considerarmos que exposição às mesmas propicia o desenvolvimento da consciência, expectativas e aspirações humanas.

A preocupação com a aquisição de uma casa era um fator constante nas entrevistas, como está detalhada no capítulo sobre os projetos de vida. O preço dos aluguéis, embora muito mais baixos nas cidades pequenas do que em Salvador, constituíam grande parte do orçamento mensal dos operários. Muitos operários tinham vivido com seus pais até se casarem e aí começavam a lutar para construir sua própria casa. Daí por diante, esta ocupação tornava-se o seu maior objetivo no começo da sua carreira de trabalho.

O acesso mais fácil à casa própria, nas pequenas cidades da área do Recôncavo, fazia com que a maioria dos operários não-qualificados de F.1 permanecessem nessas cidades onde nem sequer havia filial do SMS. Ao mesmo tempo, o fato de ter a grande maioria obrigações financeiras em relação às suas próprias casas fazia com que se tornassem mais inclinados a almejar a segurança no emprego, o que será discutido no próximo capítulo.

9.3 Mobilidade Geográfica

F.1 está situada numa antiga área rural do Recôncavo, o que, naturalmente, permite um maior recrutamento de operários não-qualificados dessa mesma área. Essa situação, contudo, não é típica do contexto industrial baiano. Nem se pode concluir, através dos dados obtidos, que a maioria dos metalúrgicos baianos são de origem rural. Não obstante, o maior número de operários com um passado rural, em F.1, fez notar sua grande influência nas aspirações e valores desses operários. Em F.1, por exemplo, a busca de segurança no emprego era mais alta do que em F.2.

Expectativas de histórias de transição traumática, associadas à nostalgia causada pelo trabalho agrícola e/ou pelo estilo de vida rural, não foram satisfeitas. Os operários que tinham sido trabalhadores agrícolas regulares, ocasionais ou meeiros, relembravam, grandemente, suas experiências agrícolas em termos das dificuldades que tinham enfrentado no campo. Apenas os poucos que tinham trabalhado em terras, que eles próprios possuíam, expressavam sentimentos de arrependimento e esperavam que algum dia pudessem retornar para o campo. Geralmente, a transição era vista como uma experiência positiva porque, finalmente, esses trabalhadores tinham melhores condições de trabalho nas fornalhas de F.1 ou desempenhando tarefas grosseiras, na sala de montagem de F.2, do que tentando ganhar a vida na roça.

A agricultura (cana-de-açúcar, mandioca e produtos de subsistência) na área circunvizinha à F.1 tinha diminuído drasticamente, mesmo antes da implantação de F.1 naquele local. É possível, portanto, que o declínio da agricultura, como fonte viável de renda, fosse a razão suficiente para o trabalho fabril ser tão bem aceito, além de ser responsável pela ausência de nostalgia em relação ao passado. De qualquer forma, sempre houve dificuldades e tempos difíceis para os trabalhadores do campo. O trabalho fabril era visto como fornecedor de alguma segurança de emprego, a despeito da alta taxa de rotatividade e era, por conseguinte, aceito.

Uma visita a uma vila de pescadores, a vinte minutos de F.1, confirmou isso. Nessa vila, havia 59 antigos pescadores, agora trabalhando como operários não-qualificados em F.1, e/ou nas fábricas circunvizinhas. A despeito das condições de trabalho adversas, devido ao calor, poluição do ar, baixos salários e o alto risco de serem demitidos, na maioria dessas fábricas, os antigos pescadores não pareciam estar traumatizados. Tinham sofrido uma transição "da água para o fogo" mas, não obstante, não pareciam infelizes por isso. A tradicional pescaria de camarão com redes ficou reduzida, depois que os despejos de uma fábrica de cobre, vizinha, poluíram a água, vindo a destruir, virtualmente, a indústria pesqueira. Este tipo de pesca é difícil, trabalho exaustivo e, agora, somava-se à incerteza dos ganhos necessários para sobrevivência dos pescadores remanescentes.

Para resumir, os horizontes geográficos dos operários estavam limitados à RMS. Trabalhadores que tinham nascido em outras regiões (rural e urbana) do Estado da Bahia constituíam uma minoria, em ambas as fábricas. Essa baixa mobilidade geográfica, generalizada, sustenta ainda a conclusão de que a migração constituía exceção em suas vidas, e que os laços de família eram fortalecidos por uma população extremamente vinculada à própria cidade ou região.

Da mesma forma, os laços de família eram fortes e os pais freqüentemente residiam com seus filhos casados. Visitas semanais e mensais, aos pais que viviam alhures, eram freqüentes. Pais e outros dependentes representavam um peso a mais no orçamento dos operários, mas, devido à dependência econômica e valores morais, os laços íntimos de família eram mantidos, tendo em vista que forneciam apoio emocional para os próprios operários e ajudavam os idosos e desempregados a sobreviverem.

9.4 Origem Familiar

A conclusão aqui é de que não há grande tradição operária entre as famílias dos metalúrgicos baianos e que a geração presente tem mais instrução. A implicação ideológica dessa melhoria de padrões educacionais é que os operários, em geral, sentiam que estavam em situação bem melhor do que seus pais. Isso os levava a desenvolver um sentido de indulgência em relação à sua situação presente, no trabalho fabril, e às realizações educacionais.

9.5 Experiência de Desemprego

Embora os dados fossem incompletos em relação a esse assunto, o desemprego era uma constante ameaça nas carreiras dos operários, especialmente para aqueles que não eram qualificados. A luta para obter um emprego fixo numa fábrica, quando bem-sucedida, era seguida por estratégias planejadas para mantê-lo. Os "peões" não queriam retornar à instabilidade do comércio ambulante, biscates, trabalho em construção ou agricultura. Manter um emprego na fábrica tornava-se tarefa maior e sucesso nessa tarefa era uma experiência gratificante. Essa era a fase em que a luta pela sobrevivência também significava a aprendizagem da linguagem da sociedade industrial: pontualidade, horas extras, oportunidades de promoção, empréstimos, etc. O simples fato de que as firmas conseguiam manter o dia de pagamento fixo era visto como uma qualidade positiva, a qual muitos dos "peões" estavam experimentando pela primeira vez em suas vidas.

Os planos para a sobrevivência em períodos de desemprego variavam muito pouco. Mais comuns eram os apelos ao FGTS, a ajuda da família, serviços temporários, ou a combinação dos três. Períodos temporários de desemprego eram considerados um fato normal da vida, pelos operários, uma vez que a segurança do trabalho fixo tinha, apenas recentemente, se tornado um dos seus objetivos. Para os "peões", portanto, o trabalho fabril era uma nova experiência; esperavam que as condições continuassem as mesmas e temiam que algum dia tivessem que retornar ao passado, com todos os riscos, inseguranças e dificuldades.

Qualquer crítica à situação objetiva era então deixada aos seus colegas qualificados, que tinham expectativas mais ambiciosas. Seus horizontes eram mais largos e não se limitavam à distância entre o lar e a fábrica. Podiam ler jornais e conversar com os colegas sobre o que se passava nas outras fábricas.

9.6 Educação

A maioria dos operários que questionavam sua situação, e que eram mais inclinados no sentido da ação coletiva, eram encontrados entre aqueles que tinham freqüentado as escolas técnicas. Eles constituíam o que chamamos de "novos operários baianos". Eram leitores de jornal e, mais freqüentemente, membros das "sociedades de bairro". Alguns deles tinham mesmo participado de movimentos de protesto nas escolas secundárias, nos anos 70. Também se sentiam mais seguros em relação às suas oportunidades no mercado de trabalho, como resultado de suas oportunidades no mercado de trabalho, como resultado de suas habilidades. Eram, por exemplo, os operários mais ativos na OSM e no programa da revitalização das atividades de lazer, realizada durante o trabalho de campo, em F.2.

Os operários, com mais baixo grau de escolaridade, eram os "peões", vivendo nas pequenas cidades circunvizinhas a F.1, e os operários não-qualificados de F.2, que constituíam a massa residente na área periférica de Salvador. Estes estavam impossibitados de adquirir educação informal, embora alguns deles tivessem tentado fazer "Supletivo". Muitos apontavam a educação como sendo uma meta constante, mas inalcançável. Retornando do exaustivo trabalho de turno (devido às horas extras compulsórias), após longas jornadas em ônibus e caminhadas para chegar até à casa, restava apenas o tempo para a refeição e dormida, antes de começar novamente a "dureza do batente" no dia seguinte. Os desejos eram, então, transferidos para a possibilidade de ajudar os filhos a alcançar suas metas educacionais.

9.7 Treinamento

Os operários semiqualificados aprendiam, primeiramente, suas funções na prática diária das fábricas ou em empregos anteriores, enquanto que os qualificados tinham freqüentado escolas profissionais (usualmente o SENAI) ou Escola Técnica Federal, mas tinham adquirido sua destreza nas fábricas. Os não-qualificados ou "peãozada" não tinham outras habilidades, além daquelas que tinham adquirido a partir da sua admissão na fábrica. Essas habilidades eram consideradas adaptáveis às oportunidades que poderiam aparecer daí por diante, seja na fábrica ou em outro lugar. A limpeza, ou alimentação das fornalhas, ou a varreção das salas de montagem não exigiam maior discernimento que a pouca instrução de racionalidade, disciplina e cuidado, perfeitamente adquirível em poucos dias. Novamente, a percepção dessas limitações, para ascensão, era auto-satisfatória. Sua maior preocupação era permanecer empregado como trabalhador permanente e, para esta meta, outras oportunidades prospectivas, em treinamento, eram irrelevantes.

Naturalmente, a possessão e grau de treinamento refletiam-se nas disposições ideológicas e engajamento político dos operários. Isto significava que os trabalhadores de F.2, relativamente mais especializados e mais educados em geral, estavam também em maior controle de sua força de trabalho no mercado e tinham maior poder de barganha. Sentiam-se, como resultado dessa autonomia relativa, em melhor posição para questionar suas condições de trabalho e salários. Também estavam mais inclinados a formular projetos de vida mais variados e ambiciosos. Com perspectivas de alcançar suas reivindicações, ao nível individual, também se tornavam mais receptivos a aderir a propostas coletivas.

Capítulo V

SEGURANDO O EMPREGO OU "MAL COM ELE, PIOR SEM ELE"

1. Introdução

No último capítulo, descrevemos os fatores externos que norteiam as expectativas dos operários, nas duas fábricas, e discutimos algumas das implicações desse *background* para o desenvolvimento de suas disposições ideológicas.

Neste capítulo, examinaremos os sistemas de emprego encontrados, pelos operários, em ambas as fábricas, retratando-os através da descrição das condições objetivas de emprego, tais como: práticas de recrutamento, oportunidades de promoções, escalas salariais e perspectivas de estabilidade.

O controle ideológico exercido sobre os operários, pelos dois sistemas, será discutido em relação ao poder de barganha dele resultante. As implicações ideológicas desse controle serão então contrastadas com a avaliação dos próprios operários sobre suas condições de emprego, tomando-se por base a análise dos seus discursos.

2. Processo de Recrutamento

As entrevistas estruturadas revelaram que a maioria dos operários, em ambas as fábricas (mais de 62% em F.1 e 78% em F.2), tinham encontrado seus empregos atuais através de amizades. Entre os operários qualificados de F.2, contudo, esse número alcançava quase 82%, enquanto que em F.1, era menos que a metade*. Não obstante, entre os operários não-qualificados de F.1, essa percentagem alcançava mais que 90%, a maioria proveniente das pequenas cidades do Recôncavo, onde havia um sistema desenvolvido de informações sobre vagas existentes nas fábricas vizinhas. Em ambas as fábricas, o número de trabalhadores que tinham sido recrutados, diretamente da escola ou por anúncios em jornais, era reduzido.

---

* Essa fábrica usava anúncios em jornais e em estações de rádio para as funções qualificadas, mais freqüentemente do que F.2.

Sorj (1979), relatando padrões similares de recrutamento em uma fábrica metalúrgica de Minas Gerais afirma:

> "(...) a despeito da relativa abundância de trabalhadores, a firma se baseia em redes sociais para recrutar seus operários. O mecanismo para recrutar novos trabalhadores para a Empresa Metalúrgica é através de recomendação pessoal, feita por operários já empregados na firma. Esse sistema passou a existir numa forma institucionalizada, pela qual, cada operário, por seu turno, é solicitado a sugerir um nome quando surge uma vaga. Os trabalhadores, invariavelmente, recomendam um parente desempregado, ou alguém recebendo salário mais baixo em outra fábrica, ou mesmo um parente que ainda está no campo." (Sorj, op. cit.: 131.)

No caso de F.2, o recrutamento seguia o mesmo padrão informal e a maioria dos candidatos já chegava ao portão da fábrica na expectativa de encontrar melhores salários e condições de trabalho. De fato, mais de 80% dos operários qualificados, da amostragem, entrevistados, revelaram que eles tinham sido informados acerca das vagas, por amigos que trabalhavam nessa ou em outras fábricas. Havia um sistema informal de informação sobre as oportunidades de emprego entre os operários da mesma ocupação. A reputação dessa fábrica, como melhor empregador, alcançava o ponto do exagero, sem fundamento. Embora todos soubessem que essa companhia pagava melhor do que qualquer outra em "Aratu", alguns operários também mostravam ignorância quanto às oportunidades de emprego e condições no COPEC, freqüentemente descartadas por causa da distância.

Relatório publicado por *A Tarde,* em 20 de maio de 1979, informou que a grande maioria dos operários petroquímicos do COPEC percebiam entre Cr$ 8.000 e Cr$ 11.000 mensais, o que era equivalente a 4 a 6 vezes o salário mínimo regional, ou entre 2 e 3 vezes o salário mínimo dos metalúrgicos (página 3). As informações em relação às condições salariais no COPEC, contudo, eram incompletas. Num outro relato acerca da campanha salarial, conduzida pelo SINDIQUÍMICA, em agosto de 1979, seu presidente, Walter Ribeiro da Silva, notou que o número de operários, no COPEC, que recebiam entre 1 e 2 salários mínimos regionais, era insignificante (*Tribuna da Bahia,* 17.08.79: 3). O Complexo Petroquímico de Camaçari (COPEC) está localizado a 45 km dos limites urbanos, ao norte de Salvador, ainda dentro da área do Recôncavo. Está mais próximo das instalações de F.1, a qual não tinha qualquer ligação com o COPEC, uma vez que este estava sob direção de uma agência governamental, de desenvolvimento diferente, mesmo em assuntos relacionados à mão-de-obra. COPEC, apenas raramente, aparecia na lista de oportunidades de emprego entre os operários de F.1, por causa da ausência, já mencionada, de correlação entre as funções industriais. Ademais, em F.2, os operários sentiam que a dificuldade de ter que usar o sistema de transporte da cidade, para alcançar a fábrica, não era tão ruim quanto as horas que teriam que gastar no caminho para o COPEC.

Sorj (op. cit.: 131) conclui sua análise do sistema de recrutamento da mesma fábrica, de Minas Gerais, dizendo que:

> "(...) o resultado desse sistema de recrutamento de trabalhadores é a criação de um sistema de controle baseado numa rede familiar e reforçado pelos próprios operários, que serve para alicerçar o controle burocrático exercido pela gerência. O sistema também significa que o operário recomendado através de laços de família já está familiarizado com o tipo de trabalho a ser realizado por ele na fábrica."

Argüiríamos que, em nossos casos, esses padrões também provaram ser um método eficiente de controle ideológico. Em ambas as fábricas, esse controle burocrático era alcançado, principalmente, pela reivindicação implícita da gerência, de que o favor concedido ao aceitar-se um parente ou relação de amizade para os empregos existentes deveria ser retribuído pela lealdade e senso de gratidão dos operários.

3. Experiências Prévias de Trabalho Fabril

A baixa freqüência de experiências prévias, em trabalho fabril, no passado da maioria dos trabalhadores, de ambas as fábricas (mais de 60% tinha tido um ou nenhum emprego fabril anterior), também aparece para influenciar suas variadas disposições ideológicas.

Isso era particularmente verdadeiro em F.1, onde havia mais operários sem qualquer experiência no trabalho fabril: mais de 1/3 da amostra, contra menos de 1/5 em F.2. Em F.1, por exemplo, a ausência de experiência prévia, em trabalho fabril, tornava os "peões" mais inclinados a aceitarem as duras condições de trabalho nas fornalhas da "Redução"[1]. A percentagem de trabalhadores não-qualificados, com nenhuma experiência prévia, era acima de 90% nessa fábrica.

Muito poucos trabalhadores qualificados, incluídos na amostra de F.2, não tinham alguma experiência em trabalho fabril anterior. Contudo, mais de 45% deles tinham apenas uma experiência prévia. Essa falta de experiência, significativa, anterior, era usada para substanciar uma política de desenvolvimento de operários "prata da casa", exercida pelo DRI. Uma vez que as condições de trabalho, em outras fábricas de "Aratu", eram reconhecidamente piores, não era difícil para o DRI, portanto, instilar a ideologia da grande e feliz família reinante em F.2.

---

1. Deve ser lembrado, que a maior parte desses trabalhadores tinham sido peões de trecho, trabalhadores ocasionais da construção civil, vendedores ambulantes ou agricultores de subsistência.

Com relação aos mecanismos utilizados por uma fábrica de automóveis em São Paulo, Frederico (1979:130) informa: "O canal encarregado de disseminar a "boa imagem" da fábrica é uma revista cujo título é – e não poderia ser outro – *Família*. Nas suas páginas coloridas não há uma única menção a temas que não sejam amenidades "cor-de-rosa." Mensalmente aparecem estampadas as fotos de atletas da fábrica, tendo como fundo verdes gramados dos campos esportivos, ou então o rosto corado e sorridente dos vencedores dos concursos, ou, ainda, a família feliz do operário que ganhou o sorteio e pode passar, por conta da empresa, uma tarde no Playcenter, um parque de diversões, em pleno meio de semana. Não faltam, certamente, as homenagens ao dia das secretárias, das mães, a promoção de festinhas de fim-de-ano, etc." Em F.2 não havia tal revista, e a disseminação do *esprit de corps* da companhia era veiculado informalmente aos operários na época de admissão quando recebiam o "Manual do Empregado". Durante o período de trabalho de campo, ajudamos na edição do jornal interno bimestral, com o apoio do DRI. Dois números foram impressos e distribuídos. Embora fizéssemos o possível para evitar a disseminação manipuladora do *esprit de corps* da companhia, não pudemos evitar que a matéria sobre a festa de Natal fosse publicada com fotos e legendas, com um contendo similar àquele descrito por Frederico.

4. Tempo de Serviço

A crença generalizada, dos operários, na existência de uma maior estabilidade na força de trabalho, em F.2, não foi confirmada pelos dados. Essa fábrica tinha passado por um período de expansão de sua força de trabalho, nos últimos três anos. Isso contribuía para o fato de que mais da metade dos seus operários tinha menos de três anos de serviços na companhia.

Os dados também indicaram que as perspectivas de segurança de emprego eram mais altas em F.1, enquanto que em F.2, essa possibilidade estava apenas se desenvolvendo, especialmente para os operários qualificados, que constituíam o grosso da força de trabalho nessa fábrica. Quase 40% dos operários qualificados, em F.2, tinham completado apenas um período, entre um e três anos de emprego.

Fomos informados que a taxa de rotatitividade era mais alta em F.2, durante os anos em que a fábrica estava em instalações temporárias e antes da implementação de mudanças na sua organização e localização física. Essas mudanças também incluíam a implementação de uma nova política de mão-de-obra, através do DRI, o qual fora criado para aquele propósito. Fomos informados, por exemplo, que tinha sido apenas nos últimos dois anos que a companhia conseguiu realizar alguma promoção interna da mão-de-obra qualificada.

Somente a partir de então, a companhia começou aceitar torneiros e soldadores inexperientes e fornecer-lhes um treinamento interno, após o qual eram promovidos a uma subcategoria mais alta dentro do seu grupo. Esses operários qualificados estavam divididos em três categorias de acordo com suas qualificações e tempo de serviço, o que representava mais um fator na segmentação das reivindicações. Também foi explicado que a companhia sempre teve dificuldade em substituir soldadores e torneiros, e que tal política de promoção interna tinha melhorado grandemente o nível da mão-de-obra empregada. A implementação de tal política fornecia uma evidência de que a taxa de rotatividade da força de trabalho, pelo menos para aquelas duas ocupações, tinha sido muito mais alta no passado.

O fato de que a segurança no emprego estava se tornando uma possibilidade alcançável para os trabalhadores de F.1 também revelou-se um mecanismo efetivo de controle. Na verdade, mais de 45% dos operários não-qualificados dessa fábrica, incluídos nas entrevistas estruturadas, tinham entre um e três anos de trabalho, e mais de 27% deles tinham mais do que três e até sete anos de serviço.

Os "peões" pareciam visualizar a promoção a "operadores" e os freqüentes aumentos de salário como suas metas mais promissoras. Ideologicamente, isso significava o desenvolvimento de uma série de atitudes de servilismo em relação aos seus capatazes e patrões, e a recusa em apoiar qualquer crítica aberta, vista como causadora de problemas.

5. Promoções

O número de operários que declararam ter sido promovidos, pelo menos uma vez, dentro da companhia, foi mais alto em F.2 do que em F.1: quase 1/3 e mais do que 1/4, respectivamente. Além disso, em ambas as fábricas, a maior freqüência de promoções era entre os operários não-qualificados. Alguns desses, contudo, pareciam confundir promoção funcional com aumentos salariais, isto é, uma carreira no emprego industrial não era amplamente conhecida entre eles. Paradoxalmente, com relação à ênfase do DRI em políticas de promoção, somente 18,4% dos operários qualificados, nessa fábrica, relataram que tinham sido promovidos uma vez, contra mais de 1/5 em F.1. Ademais, entre os operários qualificados, incluídos na amostra, somente quatro operários em F.1 e um operário em F.2 tinham sido promovidos mais de uma vez.

A maior parte dos casos de promoção nas duas fábricas era vista pelos trabalhadores como baseados no mérito, isto é, numa combinação de vários requisitos: tempo de serviço na função anterior, situação individual em relação às escalas salariais, existência de vaga, desempenho individual e relacionamento com gerentes e supervisores imediatos. Em F.1, contudo, 13 operários informaram que tinham sido escolhidos, especificamente, para uma posição mais alta por serem os melhores no grupo, independentemente de tempo de serviço ou de qualquer outra variável. As possibilidades de uma carreira funcional ascendente, nas companhias, eram mínimas. De fato, as entrevistas estruturadas registraram apenas 11 casos de trabalhadores que tinham sido promovidos três ou mais vezes, em F.1, e somente sete casos similares em F.2.

Em F.2, um operário não-qualificado ou semiqualificado era avaliado, exaustivamente, antes de lhe ser dada uma oportunidade numa posição mais alta. Acontece que a maioria dos operários qualificados constituíam-se de torneiros, soldadores, afiadores e mecânicos, e chegavam à fábrica altamente especializados, através de treinamento no SENAI ou de experiências anteriores. Permaneciam num mesmo nível, por tempo muito mais longo e tinham freqüentes aumentos salariais por mérito. Portanto, a questão de promoção tornava-se quase secundária, exceto para aqueles operários com mais tempo de serviço, que eram promovidos a supervisores. Não obstante, o número de vagas nessa posição era limitado. Casos ou pedidos de demissão naquelas funções eram muito raros.

No caso de F.1, havia casos de promoções de "Assistentes de Produção" a "Operadores". De fato, a maioria dos casos de promoção, relatados nessa fábrica, era de avanço nessa categoria. Por outro lado, era difícil para um "peão" de F.2 ser promovido a soldador, torneiro ou afiador porque existiam muito poucas funções intermediárias, semiqualificadas, nas quais pudessem ser treinados e promovidos a operários plenamente qualificados. O treinamento para essas funções era feito no SENAI e exigia um grau de alfabetização que os "peões", via de regra, não possuíam.

Resumindo, uma carreira no trabalho fabril ainda não tinha sido considerada como uma possibilidade real para a maioria dos trabalhadores, em ambas as fábricas. Na verdade, apenas 1/3 dos operários de F.2 e 1/4 de F.1 relataram terem sido promovidos pelo menos uma vez. Em F.1, a ênfase na promoção era mais freqüente entre os operários não-qualificados que mantinham a esperança em serem promovidos a "operadores" semiqualificados, para o que, a muitos deles, faltava a educação formal exigida. Entre estes, contudo, havia uma identificação errônea de aumento salarial com promoção funcional real.

Em F.2, por outro lado, os operários qualificados preferiam dar ênfase aos seus freqüentes aumentos salariais, permitidos pela política da fábrica, uma vez que muitos deles já estavam empregados na categoria funcional mais alta dentro de suas ocupações (especialmente torneiros, soldadores e afiadores) e havia poucas possibilidades de que um dia pudessem ser promovidos a supervisores.

Uma orientação similar foi traçada por Goldthorpe et al (1968), no estudo feito sobre os afluentes operários da indústria automobilística de Luton, Inglaterra, e as atitudes com relação ao seu futuro econômico. Transcrevemos desse trabalho: "Promoção não é aceita quase automaticamente como desejável, como acontece com funcionários de escritório para os quais a carreira é uma expectativa moral; nem é grandemente rejeitada em função da solidariedade de classe ou de grupo, como acontece com alguns operários industriais mais tradicionais. Ela é, melhor dizendo, avaliada criticamente, em termos de seus custos e recompensas em relação à situação individual no trabalho em um determinado momento. Ao mesmo tempo, mesmo naqueles casos em que a promoção é encarada como desejável, é provável que não seja tratada como uma perspectiva muito séria; parece que para a maioria dos homens em questão, ela não é reconhecida como uma solução eventualmente plausível" (páginas 130 e 131).

6. Condições Salariais

O salário mínimo mensal, legal, dos metalúrgicos, em maio de 1979, era de Cr$ 3.600*. Ambas as companhias adotavam a política de oferecer um salário mais alto do que o obrigatório, mesmo aos operários menos qualificados[2]. Tal política ajudava grandemente no desenvolvimento de um espírito de gratidão, freqüentemente evidente nos discursos de avaliação das companhias enquanto empregadoras.

Um relatório divulgado pelo Instituto de Economistas da Bahia (IEBA), em agosto de 1979, indicou que o custo mensal da provisão básica de comida necessária para a sobrevivência de um operário em Salvador era de Cr$ 1.175,39, ou o equivalente a 157 horas de trabalho. Isso significava que 65,4% dos salários dos operários baianos que recebiam o salário mínimo regional (Cr$ 1.797,40 por mês) era destinado à alimentação. Esse relatório conclui, informando que o salário mínimo, necessário para cobrir essas despesas, para uma família de 4 membros, era de Cr$ 7.238,00, isto é, duas vezes mais do que o salário mínimo dos metalúrgicos, naquela época[3]. Outro relatório produzido pelo IEBA em janeiro de 1980[4]. também indicou que, como resultado da taxa de inflação, o salário mínimo, necessário para cobrir as mesmas despesas básicas, era de Cr$ 10.158,00, o que era equivalente a quase três salários mínimos dos metalúrgicos. Em dezembro de 1979, de acordo com a mesma fonte, um operário tinha que trabalhar 163 horas, por mês, para comprar seu suprimento básico de alimentos.

Em geral, embora informações detalhadas não estivessem disponíveis, as escalas salariais, em ambas as fábricas, eram melhores que em qualquer outra in-

* Isso representava duas vezes o salário mínimo regional.

2. Exceção deve ser feita com relação à mão-de-obra temporária empregada nas duas fábricas com a ajuda de uma agência de emprego. Um número muito limitado de operários eram admitidos, probatoriamente, por três meses, para fazer trarefas grosseiras, recebendo apenas o salário mínimo regional mensal. Muito poucos desses operários permaneciam como operários regulares nas fábricas. Após o final do período probatório, conseguiam vagas para trabalhar em outras companhias que também tinham convênios com as agências de empregos. A existência dessa possibilidade e arranjo institucional representava mais uma ameaça à segurança dos "peões".
3. Vide *A Tarde,* Caderno Econômico, 30.09.79, página 3.
4. Vide *A Tarde,* Caderno Econômico, 20.01.80, página 6.

dústria de "Aratu". Na verdade, as escalas diferenciadas de salário, em F.2, eram muito melhores do ponto de vista dos trabalhadores, do que na maioria das oportunidades de emprego disponível em "Aratu". Isso não quer dizer que, em geral, os metalúrgicos em F.1 e F.2 estivessem bem de vida ou fossem "afluentes". De acordo com as informações obtidas nas entrevistas estruturadas, a percentagem de operários não-qualificados, em F.1, que recebiam menos de 10% acima do salário mínimo dos metalúrgicos, era quase 3/4.

Mais de 70% dos operários semiqualificados dessa fábrica recebia entre um e dois salários mínimos. Contudo, mais de 70% dos operários qualificados nessa fábrica recebiam entre dois e três salários mínimos.

Os dados das entrevistas estruturadas também mostram que em F.2, nenhum trabalhador recebia menos de 10% acima do salário mínimo. Nesta fábrica, a maioria dos operários não-qualificados e semiqualificados recebiam entre Cr$ 4.000 e Cr$ 10.000 (isto é, quase três vezes o salário mínimo regional). Nesta fábrica, ademais, todos os operários qualificados estavam em níveis salariais entre três e quatro salários mínimos. Também, em F.2, 3/4 dos operários ganhavam pelo menos três vezes o salário mínimo e mais da metade, pelo menos quatro vezes.

A informação acima mostra que os trabalhadores em ambas as fábricas, e especialmente em F.2, formavam uma porção, relativamente privilegiada, da população economicamente ativa da RMS. Essa posição relativa de privilégio refletia-se na forma como percebiam seus salários.

Os resultados preliminares do censo de 1980 apresentaram os seguintes dados com relação à renda mensal média da população, economicamente ativa, no Estado da Bahia:

Renda	Número	Freqüência Simples	Acumulada
Nenhum	280,511	8,8	8,8
Até 1/2 SM*	585,360	18,3	27,1
Mais de 1/2 a 1 SM	981,264	30,8	57,9
Mais de 1 a 2 SM	685,151	21,5	79,4
Mais de 2 a 5 SM	436,621	13,7	93,1
Mais de 5 a 10 SM	127,597	4,0	97,1
Mais de 10 a 20 SM	56,874	1,8	98,9
Mais de 2 SM	22,467	0,7	99,6
Sem informação	13,504	0,4	100,0

* Salário Mínimo.

Fonte: FIBGE – Tabulações Avançadas do Censo Demográfico de 1980.

Por outro lado, a PNAD de 1980 indicou que mais de 60% da população trabalhadora, na região metropolitana de Salvador, recebia rendas de menos de dois salários mínimos regionais, e quase 23% entre 2 a 5 salários mínimos; enquanto a percentagem daqueles recebendo acima de 5 salários mínimos regionais foi de 14,6%. A diferença entre os dois grupos de dados é devida à maior concentração de atividades econômicas e rendas superiores, na RMS.

7. Avaliação Operária Quanto aos Salários Recebidos

A insatisfação com o salário, como foi revelado nas entrevistas estruturadas, era mais freqüente em F.1 do que se poderia esperar. Quase 64% dos operários não-qualificados e mais de 52% dos operários semiqualificados estavam insatisfeitos com o salário que recebiam. Entre os operários qualificados, a percentagem de insatisfação era bem mais baixa: 40,5%.

Em F.2, por outro lado, a insatisfação foi revelada por menos de 1/3 dos operários incluídos na amostra, alcançando taxas mais altas, contudo, entre os operários não-qualificados (quase 45%). Entre os operários qualificados, a insatisfação foi expressa por apenas 29% dos trabalhadores.

Levando em consideração a situação de privilégio relativo da maioria dos trabalhadores, em ambas as fábricas, quando comparada com as rendas mais baixas recebidas pela população trabalhadora na RMS, ou no Estado da Bahia, o grau de insatisfação revelado com salários é inesperado. Isso é particularmente verdadeiro para a maioria dos operários não-qualificados e semiqualificados de F.1.

Procederemos a examinar, agora, os comentários dos trabalhadores sobre as causas de suas insatisfações. Tentaremos, então, mostrar como a análise de seus discursos podem contribuir para um entendimento dos componentes ideológicos de suas insatisfações e/ou satisfações.

Em F.1, por exemplo, os discursos revelaram que os operários estavam insatisfeitos porque seus salários não acompanhavam o sempre crescente custo de vida. Ou seja, raramente visualizavam a quantia em dinheiro efetivamente recebido, como inadequado.

"Não dá para viver, dar de comer à família. Quero sair daqui por causa do salário."

"Não está dando pra passar. Tudo aumenta, principalmente a comida... cinco crianças. Nunca chega ao custo de vida."

Notamos que associado com o "fetichismo" do salário[5] estava a preocupação esmagadora com a alimentação da família, resultando na construção de um sentimento de impotência, que os levava a aceitar o que era oferecido pela companhia:

"Praticamente não dá, gostaria de ganhar mais, mas o pouco com Deus é muito, tenho que me conformar."

"Por causa do custo de vida, tá um pouco difícil, mas o que a empresa paga é isto e a pessoa tem que se conformar."

A maioria de tais pensamentos era mantida pelos "peões" não-qualificados da "Redução" e eram professados, muito menos freqüentemente, pelos operários semiqualificados em todos os departamentos.

Alguns dos semiqualificados, contudo, conseguiam incluir uma reivindicação implícita por salários mais altos, uma vez que "nunca se pode dizer que se está satisfeito com o que se ganha. Sempre um pouquinho mais é melhor." Ou "para o número de pessoas que depende de mim, eu preciso ganhar duas vezes mais... Ninguém está feliz com o que ganha. Quanto mais se ganha, menos se ganha." Notamos que esta categoria de discurso queixoso era freqüente entre aqueles promovidos recentemente a funções qualificadas. Algumas vezes seus d eram, em contradição, associados a uma apatia fatalista.

"A gente nunca tá satisfeito com o que ganha. Quanto mais se ganha mais se quer. Isto é egoísmo mesmo. Coisas da vida."

Outros discursos de operários não-qualificados, descontentes, de F.1, em relação aos seus salários revelaram um alto grau de fatalismo, evidente em respostas evasivas, as quais poderiam ser atribuídas, primeiro, às circunstâncias em que as entrevistas foram realizadas e, segundo, à resignação em relação aos ganhos.

"Se ganhasse mais era melhor... mas não tenho jeito nenhum a dar."

"Pelo tempo devia ter melhor. Mas é com este que ganho o pão de cada dia."

Especialmente, neste último comentário, pode-se notar um alto senso de impotência em relação ao trabalho e à vida. Isso aparecia, freqüentemente, conjuminado a uma quase consagração religiosa do trabalho. Esta,por sua vez, estava

5. Lopes (1976), escrevendo acerca dos trabalhadores das usinas de açúcar do Nordeste do Brasil, também identificou outro tipo de "fetichismo" do salário, isto é, a identificação indevida das compulsórias horas extras de trabalho com aumentos salariais. Nesse sentido, a hora não é mais uma unidade de tempo, mas um índice salarial. Isso significa que, para aqueles operários, quanto maior fosse o número de horas de trabalho mais altos seriam os seus salários. Em outras palavras, coisas qualitativamente diferentes são igualadas quantitativamente.

presente, de forma aberta ou camuflada, em muitos discursos e com maior freqüência em respostas a outras questões não relacionadas aos salários.

Outros operários relevaram um nível de preocupação e questionamento que ia além do "fetichismo" do salário. Esses discursos eram formulados por operários que expressaram *elementos concretos de consciência de classe:* conhecimento do mercado de trabalho, crítica às escalas salariais, consciência da competição e da mais-valia, além de uma auto-estima mais elevada. Esse tipo de discurso reivindicativo era mais comum entre os operários qualificados:

> "Gosto do serviço, mas acho que não levaria mais de um ano na Fábrica pois não dá pra continuar."

> "Salário baixo, não posso estudar, não dá vantagem nenhuma aqui. Pretendo ir pra outra firma em Camaçari. Acho que ganharia mais " (operário semi-qualificado).

> "Tenho condição de ganhar mais, mas perdi o contato com outras firmas " (operário qualificado).

> "Não é adequado à minha função, embora a Firma pague melhor que o Estado " (eletricista com experiência na empresa estadual de eletricidade).

> "Não há aumento por mérito. O operário não se estimula. Não há motivação."

> "Em parte estou satisfeito. Pelo valor, pelo nível da produção, considero que o salário está um pouco atrás."

> "Pelo custo de vida e o trabalho que faço e o tempo na empresa, é pouco."

> "É pouco para o serviço que faço. Eu sou operário pra 15 milhão."

Os discursos acima, embora reveladores de diversos tipos de tomada de consciência, não eram os mais freqüentes nos comentários dos trabalhadores de F.1. Não obstante, nota-se a emergência de um entendimento mais claro dos mecanismos de expropriação de mais-valia.

O grau de acomodação aos objetivos da gerência, já revelado em algumas dos discursos dos operários insatisfeitos de F.1, apareciam mais claramente entre os discursos dos satisfeitos. Contudo, a inadequação dos salários em relação ao custo de vida era evidente. Naquela época, relatórios publicados em todos os jornais mostravam as perdas salariais em termos reais no Brasil, no decorrer de 16 anos de governo autoritário. Além disso, a restituição salarial era uma das reivindicações da luta dos metalúrgicos paulistas. Contudo, no caso baiano, os discursos transcritos em F.1 revelaram uma percepção da realidade muito longe daquela da vanguarda paulista, pelo menos em termos de um desejo de melhorar a qualidade de suas vidas e a possibilidade de alcançar isso. Isto era particularmente verdadeiro para os "peões" satisfeitos, assim como entre alguns operários semiqualificados:

> "Para o que já passei, graças a Deus eu estou satisfeito " (Aqui aparece o recorrente e ameaçante retorno ao passado).
>
> "O que é que se vai fazer? Dá pra quebrar o galho. As outras empresas pagam menos..." (O que não é verdade, conforme demonstra os salários pagos em F.2).
>
> "O que é de se fazer? Tem que se ficar satisfeito..."
>
> "É daqui que eu sustento minha família. O camarada que não está satisfeito vai embora."
>
> "Estou satisfeito porque não tenho mais nada, mas estou feliz..."

Aqui, a insegurança de um poder de barganha mais baixo estava no cerne da percepção desses operários em relação aos salários recebidos. A frase que melhor ilustra essa afirmação é proveniente de um operário semiqualificado, quando explicando porque que estava satisfeito com seu salário: "Ruim com ele, pior sem ele."

As respostas do tipo "indiferente", embora poucas em número, também merecem alguma atenção, uma vez que também revelaram a resignação dos operários, com respeito às suas circunstâncias do presente:

> "Aos trancos e barrancos, está dando para passar. É pouco, mas tem gente que não ganha nem isso."
>
> "Mais ou menos, se tivesse *parado* era pior" (A ameaça do desemprego).

Essas respostas resignadas eram, obviamente, mais freqüentes entre os "peões" da Redução, embora não fossem inteiramente desconhecidas entre os operários qualificados.

No caso de F.2, existiam reclamações de quase 29% dos operários qualificados incluídos na amostra, em relação ao custo de vida, como justificativa para a insatisfação acerca dos salários.

> "Não muito bem satisfeito porque o custo de vida não deixa a gente satisfeito."
>
> "É sempre... sabe?... que nesta fase assim a pessoa que tem família com esse problema assim nunca dá."
>
> "O salário não dá para nada..."

Algumas vezes, a baixa escolaridade dos operários semiqualificados também aparecia como razão plausível para a impossibilidade de reivindicar salários mais altos.

"Tou por fora... assim não posso adquirir mais que eu não tenho profissão."

Outros operários qualificados, algumas vezes de uma forma contraditória ou velada, revelavam um grau mais alto de consciência em relação a insuficiência de seus salários:

> "A gente sempre quer ganhar algo mais. Quer dizer, cada dia na vida você quer comprar mais uma coisa pra dentro de casa, não é assim?... E *pelo nosso produto* a gente tinha condição de ganhar mais em relação aos outros " (O consumismo aparece aqui associado a uma tênue referência ao valor do produto. Trata-se de caso raro, como veremos a seguir).
>
> "É pouco pra mim. Aqui eu me esforço uma coisa por demais. Até meus companheiros reclamam, mas tenho 7 filhos... Tem certos momentos que eu quero até ..., me revolto comigo mesmo. Eu acho que pelos testes que fiz aqui, não sou só eu que digo, meus companheiros de solda... já era pra ter alguém me ajudando, ter me olhado, me ajudado no salário. Sou um cara... diz isso... que mereço" (soldador queixoso, cônscio de suas habilidades, mas sem saber onde localizar a fonte de sua insatisfação, a qual atribuía à falta de "pistolão").
>
> "Acho que poderia ganhar mais pelo peso da responsabilidade. Não é compatível."
>
> "O salário que eu ganho, em relação às indústrias aí fora tou satisfeito, mas em relação ao problema daqui, aí é outro problema. Acho pouco pelo tempo de serviço e minha capacidade."

Deve-se notar, nos discursos desses "novos operários baianos", vestígios de um entendimento de suas possibilidades no mundo exterior, assim como uma estima mais elevada de suas habilidades e da consciência do valor do seu tempo de serviço. Esses vestígios sugerem novos *elementos concretos da consciência de classe* e seriam mais significativos se tivessem aparecido mais freqüentemente.

Em relação aos discursos daqueles em F.2, que se declararam satisfeitos com seus salários (41,2% da amostra), devemos notar que essa satisfação foi expressa, primeiramente, pelos operários menos qualificados, que refletiam circunstâncias mais adversas nos seus empregos anteriores:

> "E como estou satisfeito. Pelo menos pelo que eu ganhava no Posto Mataripe"... (não-qualificado)

"Não tem melhor aqui em Salvador " (semiqualificado).

Autopiedade aparecia em graus variados, na maneira como os operários percebiam a adequação dos seus salários. Novamente, a baixa escolaridade aparecia como racionalização para o "ter que estar satisfeito" (um argumento contra aqueles que se consideravam insatisfeitos quanto aos salários, mas não podiam fazer mais nada porque não tinham escolaridade):

"Em outro lugar não ganho mais, pois não tenho leitura. Só tenho saúde e boa vontade."

Em outros discursos de operários, não-qualificados e semiqualificados, a ausência de outras alternativas serviam ao mesmo propósito:

"O cara tem que se conformar mesmo. Não tem jeito " (não-qualificado).

"Tou satisfeito, viu velho? Porque com as horas extras ajuda bastante. Eu tou satisfeito, apesar de ser um pouco duro, mas estou satisfeito com o *trabalho* (sic) " (semiqualificado).

Mais de 1/4 dos operários incluídos na amostra, nessa fábrica, mostraram indiferença quando comentavam sobre os salários que estavam ganhando na fábrica:

"Se eu vivesse desse ordenado eu viveria muito apertado. O bocadinho de fora é que ajuda um bocado" (não-qualificado).

"Está relativo. Não estou numa boa, também não estou numa pior" (um dos poucos afortunados semiqualificados, que possuía outra fonte de renda).

Outros operários 'indiferentes" demonstraram indecisão em relação às respostas a serem dadas, mas alguns usaram a questão para revelar sua insatisfação, como afirmou um experiente torneiro:

"Tem um colega que tem seis anos e ganha igual a mim. Quem instruiu ele fui eu."

Entre esses, a satisfação relativa com os salários era construída a partir da consideração de que as horas extras eram apenas mais um "benefício":

"Mais ou menos. Temos direito a qüinqüênio, adicional noturno e se trabalhar no domingo chego a 28/29 mil por mês " (mecânico).

Resumindo essa parte, parece evidente que a insatisfação com os salários, entre os operários não-qualificados e semiqualificados de F.1, não estava traduzida no desejo de iniciar ações no sentido da melhoria dos seus níveis salariais. Pelo contrário, demonstravam um fatalismo persistente, que era racionalizado através da autonegação. Nesse caso, a "lógica" era mostrar a ausência de melhores alternativas. Ideologicamente, os metalúrgicos estavam pré-dispostos a serem conformistas, devido ao fato de que, em geral, seus salários iniciais eram duas vezes maiores do que o salário mínimo regional, além de contemplarem a possibilidade de aumentos salariais por mérito. Da mesma forma, especialmente em F.1, entre os menos qualificados, os salários insuficientes (em comparação com o custo de vida crescente) eram vistos como fato inalterável da vida. Também entre os operários não-qualificados e semiqualificados, a satisfação com os salários era influenciada pelo forte receio do *retorno ao passado,* isto é, a experiências extenuantes de trabalho. Razões similares, tais como ameaças de perder seus empregos fixos e baixa escolaridade, contribuíam para suas explanações do porquê sentiam não poder exigir nada melhor e por que *tinham* que estar satisfeitos.

Apenas entre alguns poucos operários qualificados, em ambas as fábricas, essa insatisfação desenvolveu-se em *elementos concretos de consciência de classe* por parte de alguns "novos operários baianos". Estes demonstravam um maior conhecimento do mercado de trabalho e criticavam as escalas salariais; estavam conscientes da competição e da mais-valia e possuíam uma auto-estima mais elevada. Em geral, esses operários tinham completado educação secundária, foram treinados no SENAI (especialmente torneiros e soldadores de F.2) e, em sua maioria, eram membros da OSM.

8. Avaliação das Companhias Como Empregadoras

As respostas para a questão: "Como você classifica essa companhia como empregadora, em relação a outras em 'Aratu?", indicaram que os empregados de F.2 tinham conceito mais positivo sobre a companhia na qual trabalhavam do que aqueles em F.1. De fato, apenas 2/5 dos operários de F.1 disseram que a companhia era "melhor" do que outras em "Aratu", enquanto que em F.2 essa percentagem alcançava mais de 4/5, particularmente entre os operários qualificados, para os quais a percentagem foi de quase 87%.

Ademais, mais da metade dos operários qualificados de F.1 achava que a companhia era "tão boa quanto" as outras de "Aratu". Menos da metade dos operários semiqualificados disseram que a companhia era a melhor. Entre os não-qualificados, contudo, a percentagem era muito mais elevada: 82%.

A avaliação positiva das fábricas enquanto empregadoras, pelos operários, baseava-se freqüentemente num agudo senso de realismo, expresso em frases tais como: "é a melhor entre as piores". Além disso, entre os fatores positivos na avaliação podemos encontrar segurança de emprego, prestígio atribuído pela companhia, aceitação da autoridade interna, um ambiente de trabalho agradável e, mesmo, "não existe fofocas ou disse-me-disse". Houve apenas um operário, incluído na amostra (F.1), que considerava a companhia pior do que as outras em

"Aratu". Ademais, houve um número significativo de operários qualificados e semiqualificados nessa fábrica (quase 1/4) que não responderam a questão.

Carvalho (1979), escrevendo acerca dos operários baianos no levantamento da SETRABES, afirma que:

> "(...) em uma área onde a situação operária representa pelo menos um escape ao subemprego ou ao desemprego, a mão-de-obra industrial não está em condições de formular maior crítica e mais elevado nível de exigências. A incapacidade do sistema em incorporar à situação ativa a força de trabalho existente coloca os assalariados, quer no setor industrial, quer em outros setores em situação de extrema dependência. Essa dependência estará refletida, certamente, nas atitudes dos operários" (página 48).

A autora também afirma que quase 2/3 dos operários entrevistados, naquele levantamento, apontavam para a ausência de outras oportunidades como razão para se tornarem operários de fábrica; e nota que apenas 19,7% da amostra, na verdade, apreciavam as firmas, especificamente, por vantagens como: altos salários, segurança, ou por uma afirmação ampla e vaga de que "é melhor".

Brandão (1978:4) informa-nos que entre a população acima de 15 anos de idade, incluída no levantamento realizado pelo Banco Nacional de Habitação (BNH) e pela SETRABES, acerca das condições de moradia na RMS, entre novembro de 1976 e maio de 1977, apenas 54% dos entrevistados declararam que se encontravam realmente trabalhando. Entre esses, apenas 1/4 trabalhava sob a proteção da Consolidação da Lei do Trabalho (CLT). Também de acordo com essa fonte, a taxa de desemprego da RMS, naquele período, foi de 6,1%. A percentagem das pessoas trabalhando por conta própria, tais como vendedores ambulantes ou biscateiros, era da ordem de 17,7%. Esses dados sugerem a existência de uma alta taxa de desemprego.

Deve-se notar, no caso de F.1, que comparações com outras oportunidades prospectivas de emprego, em outras companhias, eram prejudicadas pela ausência de correspondência entre as oportunidades e a maior parte das funções qualificadas e não-qualificadas relacionadas à produção nessa fábrica. O processo de trabalho envolvido era tão específico, que seria muito difícil para um "Técnico Encarregado da Refusão", por exemplo, encontrar uma oportunidade equivalente no mercado de trabalho local. A maioria das funções eram rotuladas com uma classificação que possuía significado apenas no fluxo de produção e organização do trabalho, naquela fábrica específica.

O mesmo não acontecia em F.2, uma vez que os afiadores, torneiros e soldadores, que compunham a maior parcela da força de trabalho, eram também empregáveis na maioria das metalúrgicas locais. Esses operários tinham, portanto, maior acesso a outras oportunidades de emprego fora da fábrica.

Em F.1, é notável que aqueles que consideravam a fábrica estar na categoria "tão boa quanto" (quase 1/3 da amostra), também afirmavam que "fábricas são todas iguais", uma vez que "todos operam de acordo com o mesmo padrão; a chamada *panelinha.* Quando uma oferece uma vantagem, outra oferece uma desvantagem, uma coisa balança a outra, elas são todas a mesma coisa..." (operário qualificado).

Pode-se notar que a avaliação positiva dos operários não-qualificados de F.1 (mais de 4/5 da amostra) em relação à firma era determinada, primeiro, por lembranças de experiências negativas anteriores:

"Pelo menos é o mesmo que estar em casa, não há distinção. Não há aquela corda, cabresto no pescoço."

Segundo, esses operários também revelaram seu agrado pela existência de uma certa descontração no relacionamento com colegas, e pelas condições de trabalho:

"As amizades são mais. Todo mundo são unidos, tanto homens como mulheres. Todo mundo legal pra mim " (não-qualificado).

"Uma das melhores por que já passei. Nunca levei de empresa o tempo que estou levando aqui" (não-qualificado).

Deve-se também acrescentar, que esse tipo de avaliação só era encontrada, secundariamente, entre os operários qualificados e, entre esses, notavelmente, entre os iniciantes, cujo elogio à companhia era mais direto:

"É uma empresa que não temos problema nenhum com ela. Dá apoio ao funcionário: alimentação, assistência médica, procurando fazer tudo para os funcionários."

Também a busca de segurança estava presente em vários discursos dos operários menos qualificados. Algumas vezes, isso aparecia na forma de servilismo ou na percepção do dia do pagamento, como uma dádiva generosa:

"O funcionário precisa zelar..." (semiqualificado).

"Paga o ordenado certo todo mês" (não-qualificado).

Além disso, havia uma quase completa ausência de informação a respeito da taxa de rotatividade interna, e do risco que isso implicava e/ou uma completa ignorância acerca das condições do mercado de trabalho:

"Pelo menos ela mantém o funcionário por muito tempo e tem muitas aí fora que o cara não leva nem dois anos " (não-qualificado).

"Melhor do que aqui só emprego federal e numa função boa " (semiqualificado).

"Em termos de trabalho não sei. Em termos de dinheiro, pelo contrário, é a melhor " (semiqualificado).

Podemos também concluir que os operários da F.2 realmente consideravam-se em melhores condições do que em qualquer outra situação anterior. Obviamente, a questão estava limitada a pedir-lhes para fazer uma comparação com as companhias de "Aratu", uma realidade que pareciam conhecer melhor. É provável que se tivéssemos incluído o COPEC, a freqüência das respostas negativas poderia ter sido um pouco mais elevada.

Nessa fábrica, os discursos enfatizavam a avaliação extremamente positiva da companhia. Pode-se notar, por exemplo, uma percepção "familiar" do relacionamento entre os operários e gerentes. Os comentários de dois experientes soldadores e um torneiro são metafóricos:

> "Aqui é uma mãe, muito mais que uma empresa. Agora no carnaval tivemos cinco dias de folga " (soldador).
>
> "Aqui é uma mãe. Um pai sobre as outras " (soldador).
>
> "Tanto é boa que persisti 7 anos e não quero sair. Começa pela acolhida, o calor humano daqui. Bom tratamento, como o *tratamento familiar* " (torneiro).

Esse sentimento de existência de uma atmosfera "familiar" podia também estar associado a um orgulho de trabalhar para uma grande firma multinacional:

> "Infelizmente em nosso país... a verdade – que em nosso país as empresas multinacionais são melhores que as nacionais..."

Os mesmos elementos apontados para F.1 também estão presentes nos discursos dos operários dessa fábrica. Deve-se lembrar, contudo, que no caso de F.2, a maioria dos entrevistados eram operários qualificados. Alguns desses operários destacaram sua apreciação pela conduta generosa da firma enquanto empregadores:

> "É ótima... sem puxar saco dela, eu acho que as empresas que eu sei, essa não... principalmente na parte de tratamento, muito bom, muito boa a empresa " (qualificado).
>
> "Acho porque é uma empresa que corresponde certo, paga em data certa, nunca atrasa salário " (não-qualificado).

Outros apresentavam uma apreciação similar do seu senso de companheirismo, misturados com os *efeitos ideológicos da estratégia da autonomia responsável*[6]. Em outras palavras, a política da companhia, de promover relacionamentos

---

6. Friedman (1977a) explica essa estratégia enquanto "tentativa de apressar a adaptabilidade da força de trabalho, oferecendo aos operários o máximo de liberdade, encorajando-os a adaptar-se a situações de mudança, de forma que venha a beneficiar a firma. Para isso, os gerentes outorgam autoridade, responsabilidade e *status* aos operários. Os gerentes mais elevados tentam ganhar a lealdade e cooptar as organizações dos operários para os objetivos da firma (isto é, competitividade no mercado), ideologicamente " (página 78).

harmoniosos e recompensar a iniciativa, servia para fortalecer a imagem da companhia aos olhos dos operários:

"O que eu acho o maior valor de F.2 é o relacionamento de cima para baixo. Eu acho um relacionamento muito bom. No meu trabalho eu não me sinto humilhado, não me sinto assim, pôxa, nesse ponto eu acho muito bom. Aqui eu acho muito bom. Aqui eu acho que cada um é responsável pelo seu trabalho " (semiqualificado).

Também como resultado desse reforço, algumas respostas refletiam o conhecimento acerca do valor do produto montado pela companhia, das condições de trabalho e oportunidades de promoção, os quais contribuem para a formação das opiniões positivas sobre a firma enquanto empregadora:

"É melhor pelo seu ambiente de serviço e o produto que ela trabalha " (qualificado).

"É uma empresa que deixa a gente muito vivo em termos de desenvolvimento, iniciativa própria..." (supervisor).

"Ela dá mais valor ao pessoal antigo do que ao pessoal especializado. Acho isso válido " (qualificado).

Muito poucas respostas mostrando avaliações negativas desta firma apareceram, mesmo nas entrevistas exploratórias. Mesmo entre aqueles operários que mais tarde demonstraram menos otimismo em relação à sua atual experiência de trabalho, a avaliação de F.2, como empregadora, era muito favorável. O comentário seguinte, retirado das entrevistas exploratórias de A., um torneiro altamente qualificado e membro da OSM, foi uma das poucas exceções:

"Então, não sei... eu creio que talvez não seja tão boa como o pessoal pensa, que aproveita de pequenas coisas pra tá enganando o pessoal, ou dando "queimadinho" aos meninos, festa de Natal, esse troço que as outras não fazem, então, é isso aí que eu acho colocando, e cedendo, fazendo o que as outras não fazem, né? Na verdade isso é uma *tática* de cada empresa, porque se eu tenho uma empresa eu, a sua é julgada mal, então eu tenho que agir um tanto diferente, mudar o ritmo das coisas pra poder ganhar melhor reputação que a sua, né? Essa daqui, eu tenho visto certas *políticas* dentro dela mesmo, política de empresa na qual *conquista* os operários, essa política mesmo a empresa tem condições de emprestar dinheiro ao camarada, defender de apertos e tal... e, certas faixas, então o pessoal nunca viu na Bahia em outra empresa isso, entende? Então acha realmente que caiu do céu, o que na verdade sabe, a gente merece muito mais do que eles estão dando."

A. é um "novo operário baiano" membro da OSM e tem aspirações bem definidas para "melhorar a vida". Seu discurso possui conteúdos específicos, os quais em nosso entendimento definem um outro nível de consciência: *tática, política, reputação* e *conquista*. Essas expressões são indicativas do seu não-conformismo e de críticas às políticas da companhia.

Em outras ocasiões, a crítica dos operários eram dirigidas não tanto à companhia, como ao comportamento de alguns supervisores:

"É uma boa firma, mas tem muitas pessoas que prejudicam o operário aqui dentro, como por exemplo o M. que é chefe de nossa área, né? Em relação às outras, essa aqui é muito superior, bom tratamento e tal."

"Logo quando cheguei eu achei que aqui seria minha ressurreição... mas logo depois da metade do meu tempo de serviço, ela tá caindo, eu não sei se pelo fato do meu estado psicológico. Quando uma pessoa vai ficando muito tempo num emprego ela vai ficando, essa pessoa vai ficando muito chata e o meu encarregado desde quando vem me trazendo na minha mesmo... e não dá a mínima condição de progredir dentro dela."

A existência de escalas salariais diferenciadas e vantajosas em F.2, em termos locais, favorecia a avaliação positiva dessa fábrica como empregadora, por uma larga maioria de operários. Essa avaliação extremamente positiva chegava ao ponto de se atribuir um caráter maternal à fábrica, a qual era adequada ao espírito da "grande família", fomentado pelo DRI.

Certamente, um grau mais alto de autonomia na realização das tarefas, devido à organização interna do trabalho, em si mesma, levava os operários a reconhecerem que as condições e dinâmica das funções eram muito mais satisfatórias do que em experiências passadas ou do que em qualquer outra situação acerca da qual eles tinham informação. Por outro lado, tais avaliações positivas demonstraram que existia uma comunicação interna funcional da política para desenvolvimento do pessoal. Neste ponto, a retórica e papel do DRI se destacavam, resultando em seu maior sucesso.

9. Poder de Barganha

A avaliação dos trabalhadores, quanto às suas possibilidades de encontrar um outro emprego no mercado de trabalho, apresentou as seguintes tendências:

I – Poucas respostas foram encontradas nos extremos da escala: "muito fácil" ou "muito difícil". Um número significativo de respostas "muito fácil" (27%) foi encontrada apenas entre os operários qualificados de F.1.

II – As percentagens mais significativas eram daqueles operários que achavam "fácil", quase 40% em F.1 e mais de 45% em F.2.

III – Mais de 1/4 dos operários de F.1 e mais de 1/5 de F.2 pensavam que seria "difícil" encontrar um outro emprego.

IV – Em ambas as fábricas, a proporção de respostas de operários, que pensavam que seria "muito fácil" ou "fácil" conseguir outro emprego, foi aproximadamente a metade.

Os dados indicam uma ligeira discrepância em relação ao medo de perder o emprego e à busca ansiosa da segurança, notada nas entrevistas não-estruturadas. Esses achados também contradizem com as respostas operárias em relação às suas oportunidades de achar empregos *similares* no mercado de trabalho local.

A maioria das respostas de operários, em ambas as fábricas (mais que 53% em F.1 e quase 57% em F.2), revelou que achavam que o acesso a empregos similares no mercado de trabalho estava se tornando mais difícil. Entre os operários qualificados, ademais, essas percentagens eram mais que 70% em F.1, e quase 58% em F.2. Isso quer dizer que, para esses operários, existiam no passado mais oportunidades de emprego disponíveis.

Foi entre os operários não-qualificados e semiqualificados, de F.1, que encontramos o grupo mais numeroso daqueles que pensavam que estava se tornando mais fácil encontrar um emprego similar (41% e 43%, respectivamente). Entre os operários qualificados, as percentagens eram menores que 30% em F.1, e mais que 34% em F.2.

Essa discrepância pode ser explicada de diversas maneiras. Por exemplo, entre os operários não-qualificados de F.1, parecia que a maior parte deles não tinha entendido as perguntas. Entre os semiqualificados da mesma fábrica, por outro lado, alguns elementos de *autodecepção* foram notados, como se estivessem evitando o reconhecimento do fato de que o mercado de trabalho não lhes oferecia empregos similares, nos quais pudessem utilizar as habilidades adquiridas. Não obstante, suas manifestações de segurança poderiam ser atribuídas a um alto senso de fatalismo (uma vez que, em último caso, Deus lhes providenciaria novos empregos), à repetida crença na sorte como solução final, tudo isto mesclado a uma constante exaltação do trabalho enquanto fonte de realização e de felicidade.

Também notamos que as questões relacionadas ao poder de barganha estavam além das preocupações diárias da maioria dos operários não-qualificados e semiqualificados de F.1, embora mais da metade dos "peões" e mais de 1/4 dos semiqualificados dissessem que era "fácil" encontrar outro emprego. Alguns operários semiqualificados explicaram que haviam perdido contato com outras companhias e, portanto, não podiam realizar uma avaliação efetiva das suas possibilidades. Alguns "peões" entendiam as questões, como se tivessem sido perguntados acerca do que eles pensavam sobre a mudança de emprego. Os exemplos seguintes são representativos desses em F.1:

"Trocar o pouco certo pelo duvidoso..." (peão).

"Já tive oportunidades mas faltou coragem" (semiqualificado).

"Não sei. Perdi o contato com outras empresas" (semiqualificado).

Isso também contribuía para a avaliação positiva relativamente alta do seu poder de barganha em ambas as fábricas, quando questionados acerca de suas reais possibilidades de obter um emprego *similar* no mercado de trabalho. Isto era especialmente verdadeiro entre os operários não-qualificados de F.1, onde apenas 27,3% destes afirmou que está se tornando mais difícil obter um emprego fabril.

Em F.2, como a ausência de correspondência entre expectativas e disponibilidades de emprego no mercado de trabalho não existia, os operários mais qualificados revelaram um conhecimento mais elaborado de suas oportunidades de emprego no mercado de trabalho.

Embora vários já tivessem recebido convites para deixar a companhia, seus discursos estavam carregados de reserva:

"Creio que não ganharia mais lá fora. Se aqui tá um negócio, lá fora tá muito pior, entendeu? Como torneiro é difícil" (torneiro).

"Com a própria capacidade eu acho que não é difícil, mas o mercado de trabalho tá escasso como uma zorra, eu acho que tá escasso, tenho visto tanto colega aí que é profissional e tudo, estão andando com uma dificuldade retada, trabalhando de vigia " (torneiro).

Por outro lado, um experiente soldador estava mais preocupado com o fato de já possuir 45 anos de idade e baixa escolaridade:

"Pela minha idade, acho que vai ser difícil que não tenho instrução. Minha instrução é muito pouca. Porque a gente pode adquirir uma coisa melhor a depender do estudo. Mas sem estudo não pode " (ajudante de produção, não-qualificado).

10. Conclusões

Neste capítulo descrevemos os principais mecanismos de controle ideológico operando nas duas fábricas. Primeiro, demonstrando como os padrões informais de recrutamento ajudavam a gerência ao engendrarem atitudes de lealdade e gratidão em relação às fábricas. Segundo, foi indicado como as perspectivas de estabilidade funcionavam no sentido de criar atitudes de servilismo entre os "peões" de ambas as fábricas. Terceiro, foi registrado que as pré-condições para fomentar uma identidade operária não estavam ainda presentes. Os operários qualificados não mostraram qualquer interesse particular nas oportunidades de promoção. Em F.2, por exemplo, esses eram os operários mais reivindicativos, mas preferiam mostrar sua satisfação com os freqüentes aumentos salariais por mérito. Este fato fornece uma forte evidência de que uma carreira no trabalho fabril não era aceita espontaneamente como desejável.

Os metalúrgicos formavam uma minoria relativamente privilegiada dos assalariados na RMS. As escalas salariais vantajosas, em ambas as fábricas (em termos locais), deixavam a maioria dos operários inexperientes numa situação de extrema dependência. Essa dependência se traduzia, ideologicamente, no desenvolvimento de maior conformismo. Isso era particularmente verdadeiro nos operários semiqualificados de F.1.

Esse conformismo estava manifesto ao nível de discurso, em dois tipos de negação: negação das dificuldades no mercado de trabalho e autonegação. Autopiedade e atitudes de inércia se desenvolviam a partir daí e operavam como racionalização para a ansiedade em manter seus empregos. Ao mesmo tempo, ajudava-os na aceitação do seu baixo poder de barganha. Por outro lado, os operários menos qualificados estavam cientes de suas limitações fora das fábricas. Portanto, as freqüentes demissões em F.1 eram recebidas com desespero. Entre os operários semiqualificados, como resultado, essa percepção bloqueava a mudança de um discurso meramente queixoso para um do tipo reivindicativo. A aceitação do "melhor entre o pior" parecia ser uma racionalização adequada nas suas circunstâncias presentes. O conhecimento dessas limitações, ademais, influenciava os operários qualificados a formular, via de regra, um discurso elogiador das companhias como empregadoras. E isso se mostrou particularmente verdadeiro nas reservas expressadas pelos operários qualificados de F.2, na avaliação do seu poder de barganha.

Muito pouca consciência desses mecanismos de controle ideológico foi encontrada entre os operários. Em F.2, por exemplo, a eficácia da estratégia da autonomia responsável e o papel do DRI destacavam-se no caráter das avaliações operárias dessa companhia, à qual alguns deles atribuíam uma natureza quase maternal, o que é um derivativo das relações paternalistas desenvolvidas dentro de/ou por outros sistemas de emprego, implementados em outras circunstâncias do Brasil. Deve-se considerar as implicações ideológicas de um processo, pelo qual atitudes em relação às autoridades e ao desenvolvimento da capacidade de ações autônomas eram moldadas por um senso de gratidão, lealdade e de obrigação, alcançados pela supressão de desejos coletivos/individuais. Em nosso entendimento, estas eram forças psíquicas inibidoras do desenvolvimento da consciência de classe.

A abertura para o desenvolvimento da consciência de classe nesse estado de coisas "familiar" estava presente, ainda que os efeitos da inflação sobre os salários dos operários fossem esmagadores. Suas expectativas de consumo eram limitadas por essas condições. Ademais, alguns operários qualificados pareciam estar conscientes do valor do alumínio e das brocas que produziam, e apresentavam vestígios de um entendimento de expropriação de mais-valia. Além disso, tinham um conhecimento mais preciso de suas possibilidades no mercado de trabalho. Esses eram *elementos concretos de consciência de classe* apresentados pelos "novos operários baianos". A maioria desses era constituída de membros ou simpatizantes da OSM. Deve acrescentar-se que suas fontes de não-conformismo eram trazidas de fora dos sistemas de emprego já descritos. Sob esses sistemas, era difícil para os operários permanecerem críticos e perceberem as implicações ideológicas de sua "afluência" relativa.

Capítulo VI
PROJETOS DE VIDA

"Meu filho tem que ser poeta, tem que ser artista, tem que ser engenheiro, tem que ser médico, tem que ser dentista, mas não vai ser operário não. *Operário é a praga do homem.*"

1. Introdução

É nossa intenção, neste capítulo, analisar as respostas dadas pelos operários a uma série de questões colocadas para avaliar suas aspirações. Começando pelos seus planos para o futuro, essas questões visavam à definição e subseqüente análise e classificação dessas aspirações. Desta forma, esperávamos descobrir novas pistas que poderiam aprofundar nosso entendimento das reações operárias a questões mais diretamente relacionadas à consciência de classe.

Esperava-se que este procedimento permitisse uma excursão aos interesses dos operários, no mundo de fora da fábrica, que ainda não tinham emergido nas questões anteriores. Era também esperado que, enquanto respondendo a questões pessoais acerca de suas aspirações, os operários estivessem mais inclinados a revelar suas opiniões acerca de uma variedade de tópicos de sua realidade cotidiana.

A pressuposição fundamentando esta série de questões sobre as aspirações operárias baseia-se em duas afirmações de Reich (1934): primeiro, que "a consciência de classe das massas de operários conscientemente revolucionários é inteiramente *pessoal*" (o grifo é nosso); e, segundo, que ela concerne, primordialmente, aos "problemas triviais da vida cotidiana". (página 190 [1])

Deve ser enfatizado aqui que a maioria das questões deste capítulo causou alguma perplexidade nos operários, uma vez que estes sentiam que estavam sen-

---

1. Nesse sentido, Reich também acrescenta na mesma página: "A consciência de classe das massas é guiada tão-somente pelos reflexos objetivos e pelos efeitos dos fatos objetivos sobre uma imensa variedade de assuntos triviais do cotidiano: seu conteúdo se resume no interesse pela alimentação, vestuário, moda, relações familiares, a possibilidade de satisfação sexual, no sentido mais restrito, nos jogos sexuais e entretenimento, no sentido mais amplo, tais como o cinema, o teatro, as casas de jogos, parques e salões de baile, e também em questões tais como a criação de filhos, a arrumação do espaço habitado, atividades de lazer, etc."

do solicitados a refletir sobre um futuro quase inconcebível no contexto de um presente bastante inseguro. Conforme já afirmado, as relações industriais em ambas as fábricas eram predominantemente governadas pelo imediatismo. Em F.1, sobretudo, os operários eram facilmente substituídos, e as taxas de rotatividade eram correspondentemente altas. Essas condições inetivavelmente resultaram em falhas na introdução de programas de treinamento adequados e na criação de oportunidades de promoção facilmente preenchíveis. Além disso, o mercado de trabalho encorajava esse estado de coisas. Conseqüentemente, a preocupação da maioria dos operários era centrada no esforço em manter seus empregos de forma a não perder seus ganhos reduzidos.

Por outro lado, visávamos também descobrir por que a maioria dos trabalhadores não incluíram nas entrevistas exploratórias um emprego fabril como uma de suas aspirações. O esclarecimento desses pontos ajudaria a adicionar novos elementos ao pretendido quadro compósito da ideologia dos operários.

2. Expectativas a Curto Prazo

Nossa análise das respostas dos operários a uma questão que lhes solicitava a identificação dos planos a curto prazo (cinco anos) revelou que uma percentagem relativamente alta de operários (28,3% e 25,9%) de F.1 e F.2, respectivamente) pretendia continuar trabalhando nas fábricas. Essa percentagem era mais alta entre os operários qualificados de ambas as fábricas: mais de 40% em F.1 e mais de 30% em F.2.

Segundo, mais de 40% de operários incluídos na amostra em ambas as fábricas indicaram que não sabiam o que estariam fazendo em cinco anos, ou indicaram a ausência de qualquer projeto imediato. Essa percentagem foi mais alta entre os operários semiqualificados (57%) de F.1. Essas respostas refletem apenas um aspecto de uma avaliação realista da situação de emprego insegura.

Como já foi mencionado, para muitos operários, recentemente recrutados do exército industrial de reserva de trabalho – e especialmente para os "peões" e semiqualificados de F.1 – o emprego nas fábricas resultava num primeiro "passo seguro" na vida. Assim contemplado, alguma coisa na forma de projetos ou planos para o futuro seria, para dizer o mínimo, prematuro. Portanto, os dados confirmam as afirmações introdutórias e são indicativos das limitadas aspirações dos operários.

Em F.2, por outro lado, os dados sugerem que a satisfação operária não era tão grande como foi demonstrada em sua avaliação da companhia como empregadora. Alternativamente, isso poderia também ser entendido como desmotivação em vislumbrar o futuro.

Terceiro, 16% das respostas incluídas na amostra de F.1 e mais de 11% em F.2 foram classificadas sob a categoria "outras". Entre os operários não-qualificados de F.1 essa percentagem era de quase 30%. Quando vistas à luz dos comentários operários, essas respostas são também indicativas da ausência de aspirações contempladoras do trabalho fabril, como é evidente nos seguintes extratos de operários menos qualificados de F.1:

"Daqui a cinco anos se não estiver aqui, vou estar n'outro lugar, vida de pobre é assim mesmo " (não-qualificado).

"Não gosto de pensar no que vou fazer no futuro. Só tenho o pensamento de fazer uma coisa bem melhor " (semiqualificado).

"Quero estar estabilizado por conta própria, a loteria está aí... Gostaria de continuar na mesma profissão " (qualificado).

"Daqui a cinco anos, tenho fé em Deus que tenho de estar fazendo outra coisa, mesmo aqui na fábrica " (semiqualificado).

Percorrendo esses fragmentos vagos de conversações, pode se detectar um senso de fatalismo, implícito na aceitação da sorte má ou boa, discernível, mesmo, num vislumbre de alcançar independência através do trabalho por conta própria.

Apenas entre menos de 10% das respostas, emanadas da maioria de operários qualificados de F.1, algum traço da ausência de aceitação das suas circunstâncias atuais pode ser detectado. Esses operários formularam, espontaneamente, planos específicos tanto para trabalhar por conta própria, como para mudar de ramo, ou mesmo para continuar estudando:

"Daqui a cinco anos quero estar trabalhando pra mim. Ter um carro, uma kombi, um táxi que não dependa de ninguém " (mecânico).

"Tenho a pretensão de sair da fábrica para ganhar mais e assimilar tecnologias avançadas " (eletricista).

"Pretendo aplicar conhecimentos matemáticos, um laboratório próprio de metalurgia " (técnico da Divisão de Refusão, diplomado pela Escola Técnica Federal da Bahia).

Esses operários qualificados, deve ser acrescentado, formavam um grupo que, com base em sua experiência, podia desfrutar um poder de barganha mais elevado. Por outro lado, um capataz que havia trabalhado na fábrica durante nove anos, utilizou-se da entrevista para externar sua insatisfação:

"Gostaria de mudar para um emprego melhor, salário mais alto e oportunidades de estudar à noite. Abandonaria os nove anos de empresa se conseguisse isto."

No curso das conversações informais, alguns desses operários mostravam interesse em se tornar ativamente envolvidos na tentativa da OSM de restaurar um sindicalismo independente. A despeito disso – o que, não obstante, deve ser enfatizado – nenhum desses operários indicou o desejo de continuar trabalhando na fábrica, ou de estabelecer uma carreira para si próprio no trabalho fabril.

Ds entrevistas exploratórias em F.2, transcrevemos uma série de comentários ilustrativos, dos quais podemos delinear uma seqüência progressiva de projeções, começando pela manifestação de um temor mórbido em olhar para o futuro:

"Prever o futuro é prever a morte. Acho que eu estou ligado prá hoje " (supervisor).

A seqüência então progride para o desejo veemente expresso pelo trabalho por conta própria:

> "Daqui a 5 anos eu quero estar muito distante da empresa, da indústria, eu quero tá trabalhando por conta própria... Artesanato, uma loja, já estou tentando pegar uma barraca no Mercado Modelo " (não-qualificado).

A seguir, vêm algumas aspirações relacionadas com promoção, renda mais alta e perspectiva de maior segurança, conforme revelado nos discursos de três operários qualificados:

> "Dependendo de mim, pelo meus esforços, sigo querendo me manter aqui mesmo. Deus querendo me ajudar talvez eu possa participar melhor " (operador de tratamento térmico).
>
> "Bom, eu espero agora, até esse fim de ano, março e abril, a classificação... é mérito... Eu topo encontrar um lugar que melhorasse minha situação financeira... o peão para ser um bom funcionário tem que correr trecho mesmo, que ali ele aprende muitas coisas " (soldador).
>
> "A depender das circunstâncias, posso estar aqui, posso não estar... Dentro da empresa, eu gostaria de estar num cargo mais elevado, não me importa a condição financeira... agora um cargo mais elevado para me sentir um pouco realizado, dentro de minha profissão. Mas isso cabe aos homens... Também poderia daqui a cinco anos estar em outra empresa como supervisor, gerente ou coisa parecida... Não posso dizer a eles que daqui a cinco anos quero ser supervisor, quero ser chefe. Depois, em hipótese alguma tenho condições de dizer isso " (torneiro).

Os três casos acima constituem os únicos exemplos nessa fábrica, em que foi possível detectar-se qualquer interesse, por parte dos operários qualificados, de realizarem uma carreira no trabalho industrial.

A seqüência termina com um plano de um "novo operário baiano" de embarcar num programa de estudos de nível universitário, a fim de escapar da dureza do trabalho fabril:

> "Se tudo correr bem, e eu ingressar no CETEC*, quero tá numa boa, não quero tá mais em cima de máquina, trabalhando com muito esforço e ainda não ser reconhecido. O serviço aí quase ninguém reconhece. O cara se mata de trabalhar e o pessoal tá sempre exigindo " (torneiro).

Concluindo, pode-se adiantar o argumento de que, mesmo aqueles que escolheram continuar no seu emprego como operário fabril, o fizeram não porque esperavam daí por diante ser capazes de assegurar para si próprios uma carreira num emprego industrial, mas porque sua necessidade de emprego era mais aguda e pressionante do que quaisquer outras aspirações que poderiam ter projetado para o futuro imediato. Essa busca de segurança, simultaneamente, permeava e limitava todas as suas expectativas a curto prazo, revelando uma estreita variação de opções no que desejavam alcançar. Esses comentários aplicavam-se a ambas as fábricas.

Em F.2, ademais, o desejo operário em continuar a trabalhar ali era mais fraco do que em F.1. Isso estava em contradição com a avaliação prévia, altamente positiva, de seus salários e dessa companhia como empregadora.

3. Expectativas a Longo Prazo

O propósito do grupo seguinte de questões foi elucidar os projetos operários a longo prazo. Como era de se esperar, uma minoria similar de mais de 3/4 dos operários, em ambas as fábricas, afirmavam possuir tais planos. Entre os operários qualificados, sobretudo, essas percentagens alcançaram quase 84% em F.1 e quase 87% em F.2.

Novamente, muito poucos trabalhadores indicaram que desejavam permanecer na fábrica. O principal interesse estava enfocado em construir uma casa ou retomar alguma forma de educação superior, com vistas a escapar do trabalho fabril ou qualquer outro tipo de trabalho manual associado com a produção industrial.

Por exemplo, o exame dos comentários de operários de F.1 estabeleceu que o primeiro objetivo do maior número desses operários era o de serem proprietários de suas próprias casas[2]. O desejo de possuir uma casa chegava à intensidade do

---

* Centro de Educação Técnica da Bahia (ensino superior).

2. Similarmente, Carvalho (1969) chegou à mesma conclusão com relação aos operários incluídos no levantamento da SETRABES: "Ao apresentar o que consideram mais importante para si e para a família, 60,2% do operariado revelaram aspirações à aquisição de imóveis ou de outros bens; entre eles, a posse de uma casa própria confirma-se como a aspiração predomi-

tipo que se vivencia normalmente apenas em sonhos. Isso era particularmente notável entre aqueles que moravam na periferia de Salvador sem qualquer distinção significativa entre níveis de qualificação, contudo:

> "No futuro pretendo ter uma coisa. Daqui a cinco anos pretendo ter uma casa bem arrumada" (pedreiro).
>
> "No futuro penso em ter uma casa. Uma coisa que pretendo é uma casinha. Não pretendo sair da fábrica, foi a melhor coisa que apareceu pra mim" (operário não-qualificado da Divisão de Refusão).
>
> "Para o futuro, gostaria de ter uma casa e dar melhores condições à minha mãe. Não tenho plano para sair da fábrica. Não tenho vontade de voltar à pescaria porque acho que o trabalho lá maltrata muito. Só pretendo sair da fábrica depois que realizar meus planos: construir um casa pra minha mãe" (operário não-qualificado da Divisão de Redução).

Nesse sentido, Vianna (1980) fornece a seguinte descrição das vidas das pessoas de um desses bairros na periferia de Salvador:

> "(...) quem mora em casa alugada assim que surge uma nova 'invasão' em Salvador procura construir uma pequena casa no terreno invadido com a perspectiva de deixar de pagar aluguel. Não existe, ao contrário do que se costuma afirmar, uma ideologia da casa própria. O que se pode verificar é que, de um modo geral, a perspectiva de se tornar um 'invasor', com toda a insegurança que há nessa condição, antes de estar ligada a uma vontade de 'morar no que é próprio', deve-se ao preço relativamente caro dos aluguéis das casas e quartos na favela" (páginas 199 e 200).

Da mesma forma, em F.2, encontramos o desejo de possuir uma casa como o mais freqüente componente dos discursos. Esse desejo aparecia aqui apenas como uma manifestação da busca de segurança na vida. Essa busca por segurança podia, algumas vezes, também tomar a forma do sonho em possuir uma fazenda, carro ou uma renda monetária mais elevada[3]. Também podiam ser detecta-

---

nante, constituindo a meta final de 38,1% dos informantes" (página 86). A respeito dessa preocupação com a aquisição de suas próprias casas, Rodrigues (1970), analisando as atitudes de operários de uma indústria automobilística em São Paulo, nos informa: "A posse da casa própria constitui permanente preocupação para os trabalhadores radicados há mais tempo pra obtê-la. Entre os ferramenteiros, 68% declararam ser proprietários de suas moradias; entre os operários, a percentagem foi de 46% (página 26)." Rodrigues também nos informa que freqüentemente as casas eram construídas pelo próprio operário no seu tempo de folga e, algumas vezes, com a ajuda de parentes e amigos.

3. Carvalho (op. cit.) também fornece informação com relação aos projetos dos operários baianos incluídos no levantamento da SETRABES: "Nos projetos ocupacionais formulados por 42,7% da amostra sobressaem a melhoria salarial (17,5%) e o trabalho por conta própria (11,3%) dos informantes" (página 87).

das metas de conformação emocional como uma "busca de tranqüilidade", "paz mental", "livre de preocupação", e mesmo uma certa exibição de nostalgia:

> "Ter uma casa própria e voltar na terra onde nasci " (operário semiqualificado).
>
> "Acabar de construir minha casa, quem sabe ter até uma casa com ar livre " (operário semiqualificado).
>
> "O que mais desejo na vida é ter uma casa, pagar aluguel não é fácil não " (operário não-qualificado).
>
> "Casa própria, educar meus filhos e melhor salário " (operário qualificado).
>
> "Ter minha casa e viver mais folgado, porque eu vivo um pouco agitado " (operário não-qualificado).
>
> Várias... Ter uma casa muito boa para dar condições melhores à minha família " (operário não-qualificado).

Essa mesma busca de segurança, antes associada à tranqüilidade e conforto, estava também aparente em referências ao *lar, família, casamento* e *filhos*[4]. Enfatizamos que esses elementos estavam igualmente presentes nos comentários dos operários casados ou solteiros de F.1, como entre níveis de qualificação:

> "Ter dias melhores, viver despreocupado, garantir o futuro dos meninos " (operário qualificado).
>
> "Já consegui: casa, ter um lar. Filho é que até agora não tenho. Cinco anos de casado. É o azar " (operário semiqualificado).
>
> "Me aposentar, viver o resto da vida com a família " (operário qualificado).

Nas entrevistas exploratórias de F.2, a interligação entre *lar, família* e *filhos,* também repetiu-se constantemente:

> "Só um, queria ter uma casa muito boa, certo? Podendo amparar meus filhos e dando toda aquela educação essencial para eles. Tudo que eu não tive. Ser feliz na vida." (não-qualificado).

---

4. Carvalho (op. cit.), com relação aos planos dos operários para o futuro também adiciona: "Após a meta da casa própria aparecem aspectos familiares como a educação dos filhos e o casamento" (página 87). Neste sentido, Goldthorpe et al. (1968) também nos informa: "(...)em segundo lugar em importância, para os níveis mais altos de consumo, estavam as aspirações para os filhos e aspirações, as quais, de uma maneira ou de outra, refletiam o desejo de uma vida com menos imposições, mais prazeirosa; o que quer dizer, aspirações que sugeriam o abandono do próprio respondente ao 'sucesso' em qualquer sentido individualista" (página 136).

"Tenho uma casa própria, mas é pequena. Preciso ter uma casa para a minha velhice... Que eu tenha um trabalho, que eu venha me dispor daquilo mesmo. Que eu tenha uma renda minha, minha mesmo. Que eu tenha alguma coisa minha mesmo. Que eu tenha alguns cruzeiros na Caderneta de Poupança que dê para minha velhice " (operário qualificado).

"Pretendo estudar mas não tenho condições. Continuar meus estudos normais, tirar o ginásio, partir para o curso científico. A coisa que eu mais desejo na vida é ter minha residência, uma residência própria " (operário semiqualificado).

O valor atribuído ao estudo emergiu mais fortemente entre os operários qualificados de F.2:

"Pretendo... meu maior desejo é ver meus filhos criados, cada um com uma profissão. Uma profissão sei lá, que ele parta para a tornearia, que ele queira partir " (eletricista empregado temporariamente como "assistente", isto é, "peão").

"Vou tentar o vestibular de novo... fiz no CETEC e perdi. Em junho vou tentar de novo. O sonho que tenho é esse aí: ser alguém um dia; uma posição, não ser torneiro a vida toda. Procurar meu ramo, estudar. O homem só vale hoje pelo que tem, pelo que se sabe " (supervisor de controle numérico).

"Formar em engenharia elétrica. Se possível ir ao exterior fazer um curso " (supervisor de controle técnico).

"Mudar de profissão, fazer um curso de eletrônica, montar uma oficina na terra natal" (técnico graduado pela Escola Técnica Federal da Bahia).

"Fazer vestibular ou para Física ou Administração de Empresas... Minha vida, infelizmente, tá na dependência do vestibular " (torneiro).

Apenas alguns poucos operários, mesmo em F.2, expressaram qualquer desejo espontâneo, real, de fazer uma carreira na fábrica. Nenhum deles, contudo, exibia as características do "novo operário baiano" apresentados no último capítulo, ou eram membros da OSM:

"Trabalhar aqui até me aposentar. Se Deus me der vida e saúde " (supervisor).

"Espero conseguir muita coisa aqui dentro. Tenho ainda muita coisa para dar " (soldador).

"Subir, conseguir um cargo melhor..." (inspetor de qualidade).

Apenas um operário se expressou com relação ao futuro de seus filhos, acoplando o desejo de que eles poderiam tentar ocupações operárias:

"Rapaz, meu maior desejo é ver meus filhos criados, cada um com uma profissão. Uma profissão sei lá, que ele parta para a tornearia, que ele queira partir " (mecânico).

Outro preferiu expressar sua desesperança:

"Eu já tive um sonho, muitos sonhos, mas meus sonhos foram todos por água abaixo " (torneiro).

Nossa análise dos discursos operários sobre seus projetos de vida a longo prazo revela muito sobre a busca de segurança na vida. A preocupação operária com esse tópico brotou espontaneamente, de formas diferentes, em todos os comentários, especialmente em relação ao desejo de ter uma casa.

Deve ser lembrado que a percentagem de proprietários de casa era mais alta (47,5%) em F.1 que em F.2 (1/3), conforme indicado no capítulo IV deste trabalho. O fato de que quase 2/3 dos operários não-qualificados de F.1 viviam em pequenas cidades do "Recôncavo" contribuiu para que fosse mais alta a percentagem de proprietários nesta fábrica. A freqüência de proprietários de suas casas, entre os "peões" de F.1, era mais de 68%.

Além disso, o relatório do levantamento acerca das condições de habitação em Salvador, realizado por Brandão (1978) e baseado numa amostra de 5.629 moradias, coletada em 9 sedes de 5 municípios periféricos da RMS e em 7 diferentes bairros residenciais de Salvador, entre novembro de 1976 e maio de 1977, indicou que menos de 60% das casas eram de propriedade de seus ocupantes.

Deve ser enfatizado que o sonho de possuir casa própria é o resultado direto da séria escassez habitacional, enfrentada pelos baianos mais pobres. A situação é gravemente exacerbada pelas dificuldades governamentais em implementar os planos de aquisição de casa própria para pessoas de baixa renda, os quais, ao mesmo tempo, são altamente propagandeados[5]. Mais ainda, essa constante preocupação com os problemas de habitação evitava que os operários desenvolvessem quaisquer outras aspirações ou desafiassem as bases fundamentais de sua existência.

Usualmente, tentativas de construir uma casa começavam com a compra de um pequeno pedaço de terra, pago em prestações mensais. Na prática, isso signi-

5. Brandão (1982b) relata que, no Brasil, as rendas familiares exigidas para se candidatar aos programas de moradia do BNH crescem de 1/4 S.M., no primeiro conjunto habitacional construído pelas COHABs, para 5 S.M., entre os anos de 1965 e 1977. No caso das cooperativas dos operários sindicalizados (a maior parte administrada pelo INOCOOP) o nível de renda exigido começava em 2 S.M. e aumentou em alguns dos "conjuntos" para 6 S.M. ou mesmo 9 S.M.

ficava adicionar novas obrigações financeiras aos orçamentos familiares já sobrecarregados. Mais tarde, quando esse compromisso terminava, começavam a comprar materiais de construção, também à prestação. Essa nova obrigação os tornava crescentemente dependentes da fábrica e aumentava a ansiedade e medo de serem demitidos. Uma nova forma de dependência então surgia, desta feita, entre eles próprios, colegas e vizinhos com cuja cooperação os barracos eram construídos.

Isso implicava que um operário que tivesse recebido ajuda na construção de sua casa estava, na ocasião, obrigado a ajudar na construção do barraco de outro colega ou vizinho, de forma que seus fins de semana eram freqüentemente tomados por esse tipo de trabalho cooperativo. Essa sobrecarga acrescentava mais fadiga e exaustão além das horas de trabalho semanais na fábrica, já estendidas pelas horas extras que eram obrigados a enfrentar para aumentar os orçamentos familiares e viabilizar a realização do sonho maior: ter uma casa própria.

Em F.2, encontramos evidências do valor atribuído à maior escolaridade pelos operários qualificados. Isto também pode ser visto como avaliação "pessimista" de suas atuais habilidades. Também nessa fábrica, em contradição com.o *esprit de corps* disseminado pelo DRI, existiam muito poucos operários que, quando questionados acerca de seus planos a longo prazo, expressavam um desejo discernível de ali permanecer. Isso aparecia em contraste com mais de 1/4 das respostas, previamente obtidas, a respeito de seus planos para os próximos cinco anos, quando indicaram a intenção de permanecer na fábrica. Por outro lado, o exame dos comentários tornou claro que estavam, de fato, mais preocupados com a segurança no emprego do que com qualquer outro desejo real de estabelecer, para eles próprios, uma carreira no trabalho fabril.

4. Tendência a Preservar uma Condição Operária

Uma questão visando verificar a baixa tendência alegada, ao fortalecimento das tradições operárias, solicitava aos mesmos que definissem o tipo de ocupação que gostariam que seus filhos[6] tivessem, caso pudessem influenciá-los a esse respeito.

Em ambas as fábricas, aproximadamente 1/4 dos operários na amostra escolheram os vários ramos de Engenharia. Essa escolha, sendo mais freqüente entre os operários qualificados de F.1, estava obviamente influenciada pelas posições prestigiosas mantidas pelos engenheiros formados e engajados na produção. A segunda escolha dos operários foi a Medicina (14,3% e 19,4% das escolhas em F.1 e F2, respectivamente).

6. Aqueles que não tinham filhos foram solicitados a imaginar como se tivessem.

Os seguintes extratos foram selecionados dos comentários dos operários de F.1 que indicavam preferência pela Engenharia para seus filhos:

"Sempre pensei de fazer o possível de meu filho ser engenheiro para não sofrer o que eu sofri... isto vai depender dele também" (operário não-qualificado).

"Pretendo manter meu filho nos estudos para ele não passar o que eu estou passando. Quero que ele estude para engenheiro, ou Medicina" (operário semiqualificado).

"Gostaria que meu filho fosse engenheiro. O cara tem que ser 'grande'. Se ele é pequeno é sempre pisado" (operário qualificado).

Um operário qualificado de F.2 demonstrou estar bem mais preocupado com os salários a serem ganhos nessa profissão:

"Não escolheria algo para ele. Deixaria com ele. Mas se eu escolhesse, seria Engenharia Mecânica que está tendo melhor pagamento agora..." (operário qualificado).

Também nesta fábrica as escolhas estavam, algumas vezes, acopladas à depreciação de suas ocupações atuais:

"Algo melhor do que eu: engenheiro mecânico... esta era minha ambição quando fiz o supletivo" (supervisor).

Alguns operários em F.1 escolheram Medicina por causa do prestígio atribuído a esta profissão:

"Gostaria que meu filho fosse médico. É uma profissão que dá dinheiro e cuida da vida humana" (operário qualificado).

Também obtivemos algumas respostas (menos de 10%) de operários de F.1 afirmando que tudo que queriam era que seus filhos estudassem. Esta preferência emergia tanto isoladamente como conjuntamente a um projeto profissional específico. De particular significância foram as repetidas referências às privações e frustrações do seu passado:

"Formar ele numa profissão boa. A gente sofre e não deve deixar os filhos sofrer" (operário semiqualificado).

"Sempre pensei de fazer o possível de meu filho ser engenheiro para não sofrer o que eu sofri, isso vai depender dele, tá?" (operário semiqualificado).

"Botava ele no SENAI para aprender uma profissão e não ficar batendo a cabeça" (operário qualificado).

"Estudar para amanhã depois que eu estiver velho eles fazerem por mim o que eu já fiz por eles " (operário qualificado).

As freqüentes instâncias de autodepreciação nos discursos operários são dignas de nota. Isso também se manifestava na consciência de não terem sido bem-sucedidos em se tornarem mais que meros operários fabris. Esse tipo de discurso era mais comum entre os operários não-qualificados em ambas as fábricas.

"Eu tinha que fazer todo jeito dele não sair burro igual a mim. Torneiro mesmo, era bacana" (operário não-qualificado de F.1).

"Peço sempre a Deus que me dê condições de dar dias melhores a meus filhos. Eles só vão passar por isto que estou passando se for castigo de Deus. Queria que meu filho mais velho fosse economista. Tudo na vida é sorte, tem muitos engenheiros que estão aí parados " (operário não-qualificado de F.2).

As entrevistas incluídas na amostra também mostravam que quase 10% das respostas dos operários de F.1 escolheram "mecânico" como profissão para os seus filhos. Os operários em questão, ou eram não-qualificados, ou tinham baixa escolaridade e se consideravam inábeis a oferecer aos seus filhos qualquer coisa melhor.

Ser um "mecânico" parecia a melhor escolha, uma vez que envolvia treinamento prático, facilmente acessível e relativamente mais curto que o necessário para qualquer outra profissão.

Além disso, alguns poucos torneiros de F.2 expressaram o desejo de seus filhos seguirem a mesma profissão que eles próprios. Estes formavam menos de 7% das respostas incluídas na amostra:

"Torneiro. A mesma. Agora pra ideal do pai... é tornearia, tornearia mesmo."

"Nas condições que eu tenho farei que ele tirasse um curso no SENAI pra ser um torneiro, qualquer coisa assim parecido, desenho técnico, esse negócio."

"Era torneiro, o que tá dando atualmente, tá dando muito."

Por outro lado, a escolha por uma tradição de ocupação operária na família foi muito raramente associada ao desejo de um *status* mais alto ou um futuro mais ambicioso. O seguinte comentário de um eletricista experiente de F.2, nas entrevistas exploratórias, foi uma exceção:

"Aí ficaria a critério dele. Se eu pudesse escolher, faria tudo para ele seguir o mesmo caminho que eu segui. Agora num sentido mais amplo, no caso de um engenheiro eletrônico, um mecânico, um industrial de modo geral."

Os comentários classificados sob "outros" (perfaziam mais de 1/4 em F.1 e mais de 30% em F.2) especificaram uma profissão diferente, nenhuma delas tendo algo a ver com ocupações operárias (isto é, escriturário, Administração, Matemática e assim por diante), ou então consistiam em vagas afirmações tais como:

"As profissões que eu tive vontade de ter e não tive. No fundo eu deixaria ele escolher" (operário qualificado de F.2).

O valor atribuído a empregos de colarinho branco foi constantemente reiterado nas respostas do tipo "outras":

"Uma profissão mais leve, na qual ele pudesse sentar e escrever mais" (operário semiqualificado de F.1).

"Uma profissão elegante... bancário" (não-qualificado de F.1).

O que novamente parece evidente nos discursos acima é a avaliação de alguma forma desdenhosa dos seus empregos nas fábricas. Também relevante é o fato de que este desdém foi manifestado pelos operários de todos os níveis de qualificação. Os discursos também parecem sugerir, até certo ponto, uma aversão mais forte ao trabalho fabril do que o "complexo de mão-branca", mencionado na literatura acerca da classe operária brasileira (Lopes, 1964, Pereira, 1965 e Rodrigues, 1970).

O discurso seguinte, gravado durante uma das entrevistas exploratórias em F.2 com um operário semiqualificado, ilustra melhor esse ponto:

"Meu filho tem que ser poeta, tem que ser artista, tem que ser engenheiro, tem que ser médico, tem que ser dentista, mas não vai ser operário não. *Operário é a praga do homem*."

Nesse sentido, Carvalho (op. cit.) em sua conclusão acerca das atitudes dos operários baianos no levantamento do SETRABES afirma:

"(...) o operário valoriza fundamentalmente a vivência do meio urbano – em vista de oportunidades de consumo aí superiores – e as suas atitudes são condicionadas mais por essa ênfase que por *uma identificação com a situação operária* (grifo nosso); mesmo porque a perspectiva de uma evasão dessa situação, por parte do próprio estudado, é significativa(...) daí a aspiração ao exercício de atividades assalariadas 'superiores', de caráter não manual, ou à situação de não-assalariados, principalmente através do pequeno comércio " (página 91).

5. Avaliação de Possibilidades

Enquanto que as duas primeiras questões visavam avaliar as áreas e escopo das aspirações operárias a curto e longo prazos, a última pretendia identificar suas projeções para a próxima geração, através do "projeto-filho".

Como verificação, consideramos útil incluir uma questão de como os próprios operários percebiam as suas possibilidades de realizar os projetos que contemplavam para seus filhos. Em nossa opinião, essa questão era necessária, uma vez que notamos que dificuldades passadas e presentes inibiam os operários de conceberem projetos mais ambiciosos ou desafiantes.

A maioria dos operários sentiam que seriam capazes de alcançar as aspirações que tinham estabelecido para seus filhos. Em F.1, as respostas foram mais de 62% positivas e, em F.2, estas alcançavam quase que 55%. Entre os operários qualificados essa percentagem era mais de 70% em F.1 e mais de 63% em F.2.

Deve ser lembrado que a maioria dos operários em ambas as fábricas indicaram que gostariam que seus filhos se formassem em Engenharia, Medicina ou numa "profissão melhor". Isto, em muitos casos, implicava profissões liberais tais como: Direito, Economia, Administração ou, em outras palavras, qualquer outra ocupação não-operária. De fato, a possibilidade de quaisquer desses projetos se materializarem estaria inteiramente dependente das oportunidades de educação superior que pudessem oferecer aos seus filhos. As respostas positivas indicaram que não estavam cientes das dificuldades de conseguir admissão nas universidades brasileiras.

Em outras ocasiões, essa ingenuidade na avaliação das possibilidades reais de melhoria da educação de seus filhos era substituída por uma perspectiva fatalista. Essa foi a resposta de quase 20% dos operários de F.1. Alguns desses descreviam a crença de que a realização final da educação dos seus filhos era prédeterminada pela sorte, ou permanecia nas mãos de Deus. Alguns preferiam mencionar fatores imponderáveis, atendentes a qualquer tentativa de avaliar as possibilidades de alcançarem suas metas:

> "Isto é meio difícl, o cara assalariado nunca tem condições de educar o filho como pode ser não..." (operário qualificado).

> "Eu sou um cara bem preparado, um cara econômico e meus filhos estão todos na escola..." (operário qualificado).

Deve ser notadc que esses comentários eram provenientes de operários qualificados de F.2, que já tinham tido alguma experiência de promoção social e, desta forma, estavam habilitados a avaliar seus projetos com um maior grau de precisão.

De maneira bastante inesperada, o grau de fatalismo era menos evidente entre os "peões" dessa fábrica do que entre os operários semiqualificados e operários qualificados. Contudo, mais de 1/3 dos "peões" de F.1 preferiram não responder à questão.

Em F.2, particularmente, as respostas qualificadas sob "outros" perfaziam mais de 41% dos operários incluídos na amostra. Esse número impressionante foi aumentado pela quase completa ausência de não-respostas nessa fábrica. Em geral, os operários confirmavam a mesma intensidade do deixar seu futuro nas mãos de Deus ou expressavam sua dependência de uma variedade de circunstâncias.

Os dados acima corroboram a nossa última afirmação relacionada aos operários qualificados de F.1. Nossa interpretação é que uma situação objetiva mais favorável, com maior poder de barganha e mais acesso a informações acerca da possibilidade de realização das aspirações, conduz a um senso de realismo mais desenvolvido. Esse realismo, quando aplicado ao futuro, por seu turno, constitui um elemento concreto adicional de consciência de classe dos operários. Ao contrário do que se pode inferir, pecepção e aceitação dessas limitações com relação à formulação de projetos de vida para seus filhos não indicam um grau mais alto de conformismo. Sentimentos de incerteza ou fraqueza, resultantes de uma avaliação realista das suas próprias chances na vida, parecem ser uma reação racional neste contexto.

6. Tendência a Gerar uma Tradição Operária na Família

Numa tentativa de avaliar o potencial em gerar uma tradição operária, os trabalhadores foram questionados sobre que conselhos dariam aos seus filhos de 18 anos de idade, caso estes deixassem os estudos para trabalhar numa fábrica.

As respostas a esta pergunta indicaram:

I – Entre aqueles operários de F.1 (menos de 17% das respostas da amostra) que disseram que concordariam com seus filhos, detectamos muito pouco traço de um desejo de manter uma tradição de profissões operárias na família. Compreensivelmente, a freqüência desse tipo de resposta foi mais alta entre os "peões" (mais de 1/5).

O exame dos comentários desses pais nos levou a classificá-los em "democráticos" ou "resignados". Por pais "democráticos" entendemos aqueles que manifestaram sua crença de que, no final das contas, seus filhos eram autogovernados. Em contraste, os pais "resignados" apenas expressaram sua submissão ou aquiescência às circunstâncias.

Muitos desses pais "democráticos" raramente manifestavam qualquer senso de orgulho sobre a perspectiva de seus filhos continuarem suas próprias formações profissionais:

> "Eu explicaria a meu filho o que é uma fábrica, uma indústria e deixava ele ir" (operário qualificado).

Os pais "resignados" nesta fábrica, por sua vez, freqüentemente mostravam sua visão mais pessimista do trabalho fabril:

> "Contaria a minha situação. O que já passei na vida, nas fábricas e, se ele quisesse seguir, o que é que eu posso fazer? Vou espancar?" (peão).
>
> "Aconselhava para ver se ele seguia o estudo, mas se ele tivesse *invocação* pela fábrica, o que é que eu ia fazer? Tinha que deixar " (peão).

II – Em F.2, mais de 1/4 das respostas da amostra mostraram que os operários concordariam que seus filhos deixassem os estudos para trabalhar numa fábrica. Entre os mais qualificados notamos uma maior freqüência de pais "democratas":

> "Eu não tenho esse papo com filho meu. Quero deixar ele o mais livre possível. Se ele disser que quer ser carpinteiro, eu acho que é uma opção dele. Eu não vou forçar, intervir nessa área " (operário qualificado).
>
> "Eu não posso opinar na opinião do meu filho. Eu deixo ele seguir aquilo que ele realmente quer na vida. Daria um conselho, certo? Mas a decisão dele pra mim é importante. Qualquer uma que ele tivesse " (operário qualificado).

Está claro, a partir dos comentários e conselhos acima, que nenhum dos operários realmente desejava um futuro operário para seus filhos. Isso pode ser deduzido de suas respostas "resignadas" ou atitudes "democráticas", uma vez que aceitavam as decisões dos seus filhos sem qualquer demonstração de entusiasmo. Realmente, em uma única instância a possibilidade de um trabalho fabril produziu uma reação alegre ou, mesmo, otimista:

> "Ele aos 18 anos poderia ter um curso profissinalizante, podia trabalhar numa fábrica e ser bem-sucedido " (operário não-qualificado).

III – Quase 30% dos operários em F.1 expressaram concordância com que seus filhos trabalhassem em fábricas, contanto que continuassem estudando à noite. Essa percentagem era um pouco maior para os operários semiqualificados (1/3). Novamente, sentimentos de autodepreciação estavam incluídos nos seus comentários:

> "Conversava com ele pra ver se ele estudava e trabalhava, para não parar os estudos e não ser o que eu sou hoje em dia: um simples eletricista " (operário qualificado).

IV – A percentagem de entrevistados em F.2, que queriam que seus filhos trabalhassem numa fábrica, mas que simultaneamente continuassem seus estudos, foi menos de 1/4. Nessa fábrica, uma percentagem mais alta (50%) desse tipo de resposta foi encontrada entre os operários semiqualificados, mas esses eram poucos em número. O maior valor atribuído à educação aparecia proeminentemente em seus discursos:

"Eu farei tudo para ele corresponder às duas partes – estudar e trabalhar – não é porque eu não cheguei aos estudos que ele não vai estudar. Vai fazer os dois, estudar e trabalhar e vou pedir a Deus que me dê muita vida e saúde para fazer isso, certo?" (operário semiqualificado).

"Se eu tiver condição boa, ele continuava o estudo. Se eu tiver condição ele vai fazer as duas coisas, vai trabalhar todo dia e de noite ele vai continuar a estudar " (operário semiqualificado).

V – Os 30% adicionais, dos operários de F.1, que não queriam, explicitamente, que seus filhos parassem de estudar, persistentemente se referiam a um passado duro e aflitivo. Isso foi mais freqüente entre os operários qualificados (aproximadamente 1/3):

"Acho que a educação está acima de tudo, por isto não aconselharia nenhum jovem a largar a escola pra se empregar em fábrica, a não ser que a necessidade fosse grande demais" (operário qualificado).

"Faria todo o possível para fazer com que ele continuasse nos estudos. Mostraria para ele o lado ruim das coisas, pois com o estudo ele teria um melhor futuro " (operário qualificado).

VI – Também em F.2 a percentagem daqueles que desejavam dissuadir seus filhos a deixarem os estudos atingia mais de 40%. Além disso, a metade dos operários qualificados disseram que não concordariam com as decisões dos seus filhos:

"Primeiro teria que mostrar a ele o que passei, porque deixei de estudar, mas não seria uma imposição minha. É decisão dele. Mostraria os problemas que ele poderia vir a ter " (qualificado).

"Diria muita... dava conselho pra que ele nunca fizesse isso. O serviço aí quase ninguém reconhece. O cara se mata de trabalhar e o pessoal está sempre exigindo " (qualificado).

Um sentimento de insatisfação que previamente não havia aparecido pode agora emergir mais freqüentemente, em contradição com o esforço do DRI para desenvolver um *esprit de corps* nessa fábrica:

"Acho que não. A não ser que Deus ajudasse e ele arranjasse uma profissão. Porque para largar de estudar para trabalhar e para se sujeitar a ganhar um salário mínimo depois vai se sacrificar e vai falar de mim mesmo " (operário não-qualificado).

Também em F.2, o grande valor atribuído à educação, como caminho para uma melhor condição de vida, ou como saída do trabalho fabril, ficou claramente discernível em todos os níveis de qualificação. A simultânea desvalorização do trabalho fabril é igualmente discernível, tanto implícita como explicitamente nos discursos acima.

O único entrevistado que possuía alguma coisa original a dizer a seus filhos foi um operário qualificado. Embora dissesse que tentaria dissuadir seus filhos a abandonar os estudos para trabalhar numa fábrica, A., um torneiro de 22 anos de idade, citado extensivamente no último capítulo e membro da OSM, tinha razões específicas, próprias, para aceitar o trabalho fabril enquanto projeto de vida:

> "Olha, a fábrica traz... sei lá, é um tanto ruim um cara largar os estudos para ir trabalhar numa fábrica porque o cara perde uma oportunidade de se aprofundar mais, um conhecimento né? Mas por outro lado, é uma boa porque o cara cria raízes, cria experiência. O cara sente que a vida é mesmo ali, diante dos colegas que são casados e o dinheiro não dá. Então é o desabafo de cada um operário... O camarada vai criando uma consciência maior das coisas, sabe? Eu não me arrependo justamente por isso. Eu acho que tou... meu crescimento em relação a conhecer a vida, entendeu? Aho que eu passei a conhecer mais a vida desde quando eu comecei a trabalhar na indústria, mas tenho arrependimento também de ter largado os estudos."

Resumindo, essa última questão procurava descobrir que conselhos os operários dariam aos seus filhos se esses deixassem seus estudos para trabalhar numa fábrica. A proporção daqueles que disseram que concordariam com a decisão foi menos de 17% em F.1, e mais de 1/4 em F.2. Contudo, apenas em muito raras instâncias pareciam estar orgulhosos das decisões, ou otimistas acerca das "chances" de sucesso de seus filhos. Na maioria dos discursos, sua aceitação "resignada" ou "democrática" da situação pode ser entendida como mera aceitação dos ditames da sorte, ou da sua inabilidade em moldar ou alterar o curso predestinado das suas vidas. A proporção mais elevada dos que indicaram que se oporiam às decisões de seus filhos (quase 30% em F.1 e mais de 40% em F.2), freqüentemente demonstravam ingenuidade ou falta de informação em relação à viabilidade de alcançar, num sistema educacional tão elitista como o do Brasil, as metas que visualizavam para seus filhos. Apenas uns poucos operários qualificados, em F.2, expressaram dúvidas com relação a esta viabilidade enquanto, ao mesmo tempo, enfatizavam a importância vital da educação como única saída das suas dificuldades presentes ou, para usar sua própria palavra, "não queriam para os filhos o que tinha acontecido com eles". A grande maioria dos operários não-qualificados e semiqualificados tendiam a se apoiar em Deus para oferecer a seus filhos a possibilidade de alcançar as metas educacionais que objetivavam para os mesmos.

7. Conclusões

Nossa primeira tarefa aqui é relacionar esses achados ao nível de comprometimento com o emprego que foi identificado no capítulo anterior. O que parece emergir mais claramente neste capítulo é a busca operária de segurança na vida, no sentido de que a segurança de emprego era o primeiro passo. Isso implica que a tendência de se mostrarem comprometidos com os seus empregos precisa ser percebida apenas como um único aspecto de sua busca por segurança em geral, uma vez que a preocupação em possuir uma casa era a segunda. Portanto, o alto valor que atribuíam às metas educacionais também deve ser relacionado à sua busca por segurança em geral. O tempo que tinham até então dispendido no trabalho industrial não era suficientemente longo para garantir qualquer melhoria de suas perspectivas nos empregos fabris. Suas opiniões, atitudes e tendências necessitavam ser entendidas no contexto de haver assegurado seu primeiro passo na vida.

Em segundo lugar, a avaliação realística dos operários em relação às limitações do trabalho fabril é também evidente. Contudo, esse reconhecimento entra em conflito com as demais aspirações que contemplavam para outros aspectos de suas vidas. Parece, portanto, que a avaliação positiva das companhias como empregadoras e uma atitude de resignação em relação ao salário operavam como racionalizações dessa contradição. Isso os levava à elaboração de um discurso conformista, que foi retratado no último capítulo.

A necessidade de ter uma casa era tão premente que o seu não alcance assumia natureza de um estigma social. A vida dos operários então se tornava uma saga de sacrifícios, muito além da dureza do trabalho fabril. No final, preferiam fazer qualquer esforço para remover este estigma, a fim de não serem considerados pais preguiçosos ou degenerados. Tornavam-se as principais vítimas da publicidade nacional patrocinada pelo governo, proclamando o direito de cada um ter alguma forma de abrigo.

Embora fosse fraca em ambas as fábricas, uma tendência mais pronunciada em preservar ocupações tradicionais operárias foi encontrada em F.2, onde operários qualificados forneceram a maioria das respostas, indicando seu desejo de que os filhos se tornassem torneiros ou técnicos, ou que adotassem a profisssão de seu próprio pai. Em F.1, por outro lado, detectamos um alto grau de autodepreciação, especialmente entre os "peões", engendrada não só pela consciência do baixo *status* que atribuíam às suas tarefas, ditas grosseiras, mas também pelo exagerado prestígio atribuído às profissões de colarinho branco. Essa postura de desprezo pelas suas funções, em nosso entendimento, também acrescentava barreiras ao desenvolvimento de novas aspirações e, conseqüentemente, a estabelecimento de bases para o desenvolvimento da consciência de classe. Em outras palavras, a baixa auto-estima parecia operar no sentido de criar mais conformismo.

Também foi observado, em F.1, um grau mais alto de ingenuidade relacionado à possibilidade de ascensão social para seus filhos, a ser derivada de um padrão mais alto de educação. Como resultado, esses operários mostravam-se mais dependentes da sorte para contemplar aquela alternativa. Os mais realistas, especialmente em F.2, enfatizavam a inabilidade em exercer controle sobre a realização de suas metas.

De qualquer forma, a ênfase na educação, embora mostrando o desenvolvimento de aspirações mais elevadas, indicava a tendência de contemplar projetos individualistas para ajudar seus filhos a escaparem do trabalho fabril. Ideologicamente, isso funcionava no sentido de bloquear o desenvolvimento de uma identidade operária e também operava como defesa contra os conflitos que operavam em suas mentes, resultantes da falta de alternativa para escapar de sua situação objetiva.

Capítulo VII
OS OPERÁRIOS E O SINDICALISMO

1. Introdução

Este capítulo visa a iniciar a discussão sobre o nível de consciência de classe dos operários nas duas fábricas.

Dados quantitativos e qualitativos obtidos no trabalho de campo, com relação ao papel dos sindicatos, foram analisados tendo como *background* o (sub) desenvolvimento dos sindicatos na Bahia e, particularmente, o SMS como referência.

Antes de começar essa análise, contudo, discutiremos brevemente alguns tópicos relacionados ao papel dos sindicatos na formação da ideologia operária. Em seguida, procederemos à apresentação dos dados colhidos nos nossos estudos de caso.

2. Sindicalismo e Ideologia

Existe uma longa tradição na literatura marxista a respeito do papel dos sindicatos no desenvolvimento da consciência política dos trabalhadores. Em geral, essa tradição indica uma divisão entre duas linhas de avaliação deste papel. Hyman (1975) aponta que "(...) alguns dos mais profundos e duradouros *insigths* da sociologia do sindicalismo derivam de escritores com objetivos acadêmicos menos estreitos". Isto posto, Hyman sumaria as perspectivas que os teóricos socialistas têm gerado em duas amplas categorias:

> "(...) aquelas abordagens que discernem um potencial revolucionário, significativo na atividade sindical e aquelas que argumentam que tal atividade em si mesma não facilita (ou mesmo inibe) a transformação revolucionária da sociedade capitalista" (páginas 1 e 2).

A primeira perspectiva apresenta uma avaliação bastante otimista do papel dos sindicatos, como exemplificada nos escritos iniciais de Marx e Engels. Estes consideravam os sindicatos como *combinações* que se tornavam verdadeiras *trincheiras* dos trabalhadores em sua luta contra os empregadores, e necessários para destruir a competição entre os operários[1]. A segunda, ou visão pessimista, pode ser identificada na crítica de Lenin aos sindicatos por sua tendência a acomodarem-se dentro do sistema capitalista, e na defesa que faz do Partido como único organismo capaz de desenvolver o potencial revolucionário dos trabalhadores[2]. Marx e Engels em seus escritos posteriores também vieram a expressar reservas acerca da capacidade dos sindicatos em desenvolver a consciência de classe dos operários.

Referimo-nos às críticas de Engels e Marx aos sindicatos britânicos da segunda metade do século passado: 1) os sindicatos estavam representando não a totalidade da classe operária, mas uma minoria aristocrática e privilegiada; 2) a corrupção de líderes traidores da classe e 3) o abruguesamento da classe operária britânica, resultante da posição monopolista do capitalismo inglês naquela época. Estes fatores transitórios ou temporários eram vistos por ambos como explicadores da ausência de iniciativa revolucionária dos sindicatos britânicos. Não obstante, Marx escreveu, ainda, em *O Capital,* que o sindicalismo é a rota pela qual "a produção capitalista cria, com a inexorabilidade de um processo natural, sua própria negação" (página 929).

Embora reconhecendo o papel limitado dos sindicatos a esse respeito, parece que, no caso dos metalúrgicos baianos, é a ausência de uma forte tradição de sindicalismo o fator central na explicação da incipiente consciência de classe que foi revelada em nosso estudo.

Encontramos apoio para esta posição no convincente argumento de Hyman (op. cit.: 8):

> "A evolução do capitalismo industrial fornece as precondições para a organização coletiva, em virtude de juntar os trabalhadores em grandes aglomerações e ao criar as privações que os levam à união. Esta união, transcendendo à competição no mercado de trabalho, em si mesma, ameaça a estabilidade do capitalismo: ela também desenvolve a consciência de classe dos trabalhadores e os treina em métodos de luta. As limitadas conquistas econômicas dos seus sindicatos levam os trabalhadores a adotarem formas políticas de ação e, em última análise, a desafiar diretamente a estrutura da dominação capitalista."

1. Veja-se a respeito, as afirmações de Engels em 1845 (Engels, edição de 1982, especialmente à página 245) e de Marx em 1847 (Marx, edição de 1969, especialmente página 172) sobre a classe operária inglesa e seus sindicatos.

2. Lenin, op. cit., considerava em 1902 que, isoladamente, o movimento operário possuía capacidade de desenvolver apenas a consciênca sindical ou "obreirista" dos operários. Hyman (op. cit.) confirma que a "análise do sindicalismo apresentada por Lenin em *O que Fazer?* permanece influente: é lugar-comum que os sindicatos, sendo capazes de alcançar seus objetivos econômicos dentro do sistema capitalista, demonstram uma tendência natural à integração a este mesmo sistema" (página 14).

Diríamos que tal colocação é, particularmente, relevante ao processo de conformação dos trabalhadores às necessidades industrializantes na Bahia.

Primeiro, sua participação em atividades sindicais foi muito "ritualística". Segundo, a liderança do SMS não era confiável em termos de vontade e habilidade em fornecer informações sobre os fatores que afetavam as relações industriais em "Aratu". Terceiro, havia rumores, amplamente difudidos, sobre a colaboração da liderança do SMS com o Estado na repressão de ativistas sindicais a partir do golpe militar de 1964.

Não obstante, é também relevante explicar que um sindicalismo combativo não se desenvolveu entre os operários baianos no passsado e isto é particularmente verdadeiro sobre os metalúrgicos. Quando se examina a memória do movimento operário na Bahia, a experiência do Sindicato dos Petroleiros, no início da década de 60, é a mais freqüentemente mencionada. As maiores greves foram lideradas por outros grupos ocupacionais, como as famosas greves gerais de 1922 e 1934 em Salvador. Em ambas as ocasiões, operários da companhia fornecedora de eletricidade e de bondes elétricos se destacaram como os mais militantes. Parece razoável afirmar que o desenvolvimento lento do sindicalismo acompanhou o processo de "involução industrial" na Bahia, por toda a metade deste século. Ademais, apenas recentemente é que o movimento operário baiano tornou-se o foco de interesse dos estudiosos e pesquisadores acadêmicos, de forma que a história do sindicalismo na Bahia ainda está por ser escrita.

Para escrever nosso curto registro histórico do SMS, por exemplo, tivemos que nos valer da memória, hoje esvanecida, de velhos operários sindicais para o período que vai até 1964 e em recortes de jornais para a última parte. A falta de conhecimento dos operários com relação às atividades do seu sindicato no período anterior a 1964 e sobre as greves de 1961 e 1962 era quase completa. Deve-se explicar, todavia, que a grande maioria dos trabalhadores de "Aratu" ainda não se haviam tornado trabalhadores industriais àquela época.

A história do SMS pode ser dividida em três períodos:

1. O período entre 1919, quando surgiu a organização precursora do SMS, e 3 de abril de 1964;[3]
2. O período entre abril de 1964 e 1978, quando surgiu a oposição à diretoria "pelega" do SMS, sob a forma da OSM;
3. De 1978 até o presente, incluindo a vitória da OSM na eleição de 1982 e sua posse na direção do SMS.

3. Naturalmente este período comporta subdivisões, as quais consideramos irrelevantes para os nossos propósitos atuais.

3. O Sindicato dos Metalúrgicos de Salvador (SMS) – Um Pequeno Relato Histórico

Em apoio à nossa afirmação sobre a influência da falta de um sindicato combativo no período de 1964 a 1978 (o que inclui também a ausência de um grupo de oposição significativo) na formação da ideologia dos metalúrgicos, começaremos por explicar como o SMS foi criado e seu desenvolvimento histórico anterior à manhã do dia 3 de abril de 1964.

3.1 De 1919 a abril de 1964

Em 1919, um grupo de oito operários da Companhia de Navegação Baiana reuniu-se numa velha casa do bairro de Massaranduba, na então periferia da velha cidade de Salvador, para organizar a Associação dos Metalúrgicos da Bahia que se tornou o embrião do Sindicato dos Trabalhadores da Indústria Metalúrgica.

A associação visava criar a União Sindical da Bahia, mas somente ganhou reconhecimento oficial, ao que consta, em 1931 por decreto do ministro Lindolfo Collor, da primeira gestão de Getúlio Vargas. Até então, a Associação teve uma existência precária devido à falta de filiação considerável. Aparentemente, o reconhecimento do sindicato fez parte de uma série de casos similares no processo de liberalização das organizações sindicais patrocinadas por Vargas. O SMS, contudo, não parece ter sido muito ativo, embora em 1946 tenha sofrido a sua primeira intervenção governamental devido à participação de sua liderança no congresso realizado em São Paulo, para criar o Movimento Unificador dos Trabalhadores do Brasil.

A maior parte das informações coligadas acima nos foi fornecida por João dos Passos, representante do SMS naquele congresso. Passos foi militante no movimento operário baiano desde 1928. Ele lembrou que, em 1953, o SMS sofreu novo período de intervenção, após uma turbulenta reunião de 6 ou 7 militantes em apoio à greve geral daquele ano em São Paulo. Passos foi seu primeiro presidente eleito e dirigiu o SMS de 1959 a 1964. Mencionou, também, que na época em que ele se tornou presidente, em 1959, o SMS tinha apenas 5 membros regulares. As duas únicas ocasiões em que os metalúrgicos de Salvador fizeram greve ocorreram durante o período em que Passos era presidente do SMS. A primeira greve ocorreu em 1961 e mobilizou os trabalhadores de duas fábricas apenas. A segunda, em 1962, mobilizou todos os metalúrgicos de Salvador. Ambas as greves foram organizadas em apoio à reivindicação de aumentos salariais substanciais e, na segunda greve, o aumento de 100% foi conseguido. Passos foi eleito duas vezes e lembrou que em 1964, quando foi banido do SMS, o número de associados tinha crescido para 1.000 operários.

Em 3 de abril de 1964, o escritório do SMS na sede do Sindicato dos Ferroviários foi forçado e aberto pela Polícia Militar. Passos foi banido da direção do sindicato e constantemente caçado pelo aparato repressivo envolvido no golpe militar. O SMS teve todos os seus bens confiscados, incluindo Cr$ 150.000 em dinheiro. Passos guardou a chave do escritório do sindicato, a qual ele entregou simbolicamente à nova diretoria eleita em dezembro de 1982.

Uma avaliação do desenvolvimento do SMS e de suas atividades durante este período, e particularmente nos anos de 1959 a 1964 (durante o chamado período populista da história contemporânea do Brasil), parece apontar em duas direções: primeiro, seu atrelamento à aliança populista de classes e dependência da condescendência ou, alternativamente, do apoio do e ao governo; por exemplo, foi apenas quando o governo esteve interessado no desenvolvimento e conseqüente apoio do sindicato, isto é, durante a primeira gestão de Vargas e durante as alianças de classes do "nacionalismo desenvolvimentista", no final dos anos 50 e início dos anos 60, foi que o SMS logrou ser reconhecido, e com oportunidade de tornar-se mais ativo na defesa dos direitos dos operários; segundo, esse mesmo atrelamento contribuiu para a fraqueza do SMS e permitiu a intervenção posterior, além de sua manipulação por agentes de um governo conservador.

3.2 De abril de 1964 a dezembro de 1982

Na última assembléia do SMS antes do golpe, em 22 de março de 1964, foi escolhida a delegação baiana ao segundo congresso nacional dos metalúrgicos a ser realizado em São Paulo. Manoel dos Santos, que havia sido associado do sindicato por apenas três meses, foi indicado como membro da delegação por um velho militante que era seu colega numa fábrica de pregos local. No dia 3 de abril, antes da realização do congresso, o sindicato foi invadido e, poucos dias depois os militares colocaram Santos como presidente temporário; uma posição na qual ele se manteve, até dezembro de 1982.

Entretanto, reporta-se que, em 1967, houve uma tentativa, por parte dos associados do SMS, de organizar uma chapa para a sua direção, em oposição a Santos e sua "clique". Santos conseguiu não só dissolver esta tentativa como, também, outros esforços menos ambiciosos. Várias fontes reivindicaram que ele usou freqüentemente de fraudes, como manipulação do mínimo de votos exigidos, para garantir sua reeleição.

Michels (edição de 1968), numa discussão de 1911 sobre o movimento sindical, afirma que neste, "o caráter autoritário dos líderes e sua tendência a governar organizações democráticas de forma oligárquica são mais ainda pronunciadas que nas organizações políticas" (página 159). Achamos que sua aplicação desta "lei de ferro da oligarquia" aos sindicatos é ainda mais relevante para explicar o caso da imposição de uma liderança burocrática ao SMS, durante 18 anos

(1964-1982). A afirmação de Michels sobre a liderança nos é especialmente útil: "Quando os líderes não são pessoas de meios e quando não têm qualquer outra fonte de renda, se agarram firmemente às suas posições por razões econômicas, chegando a encarar as funções que exercem como suas por direito inalienável. Isto é especialmente verdadeiro para trabalhadores manuais que, desde que se tornam líderes, perdem a aptidão para sua ocupação anterior. Para estes, perder as suas posições seria um desastre financeiro e, na maioria dos casos, lhes seria totalmente impossível retornar ao seu estilo de vida anterior" (página 207). Anteriormente, Santos fora "assistente de batedor de pregos" numa fábrica local. Embora não possamos dizer que ele houvesse perdido a aptidão para sua antiga ocupação, era evidente que a perda de sua posição à frente do SMS seria um desastre financeiro, e que seria completamente impossível, para ele, retornar ao seu velho estilo de vida, após 18 anos como o "pelego-mor da Bahia". Na visão de Michels este controle oligárquico (nós diríamos burocrático-autoritário no caso do SMS) é reforçado pela apatia da massa, ou, em suas palavras, "a maioria dos associados dos sindicatos são tão indiferentes a estas organizações, como a maioria dos eleitores são ao Parlamento" (página 50 e 51).

Também em 1967, foi tentada uma parada repentina das máquinas na sucursal baiana da Magirus Deutz. Embora não se encontrasse maiores detalhes sobre esta ação, a participação de Santos na repressão dos trabalhadores envolvidos foi mencionada. No ano seguinte, houve tentativas de ação sindical independente em Osasco (São Paulo) e Contagem (Minas Gerais). De acordo com Weffort (1972), essas greves representaram o começo da luta dos trabalhadores brasileiros contra o atrelamento sindical, o qual veio a se tornar um dos principais temas do movimento operário no Brasil.

Os metalúrgicos entrevistados em nossa pesquisa fizeram acusações freqüentes contra o desempenho de Santos como o líder "pelego" do sindicato. Uma delas é que ele fora escolhido pelo aparato repressivo para tomar o SMS, e que fora preparado para aquele propósito, mesmo antes da "Revolução". A segunda acusação é que ele fora pessoalmente responsável pela denúncia de operários à gerência das fábricas ou polícia política, quando estes ousavam expressar suas queixas nas reuniões do SMS. Por exemplo, entre maio e julho de 1979, cerca de 32 membros da OSM foram demitidos de indústrias de "Aratu", após declararem sua oposição à liderança "pelega" de Santos, nas manifestações do Dia do Trabalho. Novamente, sugeriu-se que Santos participara na preparação da lista de operários a serem demitidos.

As eleições para a diretoria do sindicato, realizadas em outubro de 1979, quando fazíamos o trabalho de campo, foram marcadas por protestos e boicote, pelos operários da oposição. Eles achavam que Santos tinha manipulado, intencionalmente, os procedimentos para registro de chapas e processo eleitoral. Santos conseguiu ser reeleito, a despeito da oposição quase generalizada à sua continuidade no posto, e também devido à falta de experiência e vacilação da OSM no sentido de valer-se do direito de apresentar candidatos à eleição.

As sementes da OSM parece terem sido plantadas em 1967, quando alguns de seus membros organizaram ações coletivas em algumas indústrias locais. O caso mais bemsucedido foi a parada da montadora local da Magirus Deutz por duas horas. Em todas estas tentativas, porém, segundo consta, Santos tomou posição contra os interesses dos operários. Embora estes continuassem em seus esforços de se organizarem independentemente, a OSM somente começou a tomar forma em 1974, época em que começou a crescer consistentemente até 1979; quando conseguiram publicar seu primeiro Boletim (1º de maio) em comemoração ao Dia do Trabalho daquele ano. Nessa publicação, denunciaram as manipulações de Santos e mostraram suas dificuldades em competir pela liderança do SMS.[4]

A partir de então, a OSM realizou reuniões para se organizar, com vistas à eleição que se aproximava, com o apoio de padrões católicos progressistas e do SINDIQUÍMICA[5]. Alguns de seus membros participaram ativamente nas manifestações de apoio aos colegas de São Paulo, durante a famosa greve destes, em 1979. Foi apenas a 7 de outubro de 1979, contudo, dois dias antes das eleições, que a OSM realizou reunião pública, com o apoio das lideranças sindicais independentes de Salvador (especialmente SINDIQUÍMICA, Sindicato dos Eletriciários e dos Jornalistas). Luiz Ignácio da Silva (Lula), presidente do Sindicato dos Metalúrgicos de São Bernardo, esteve presente nesta reunião. Ficou decidido que os metalúrgicos baianos boicotariam as eleições. Durante a reunião, foi informado que operários sindicalizados haviam recebido um memorando de Santos ameaçando-os com um desconto de 30% do salário mínimo, caso eles se abstivessem de votar. Lula, que estava na Bahia liderando a campanha nacional pela formação do Partido dos Trabalhadores (PT), foi providencial em remover os temores dos trabalhadores e aconselhou aos membros da OSM que organizassem piquetes para evitar que operários inexperientes fossem enganados pelo memorando ameaçador de Santos.

Naquela época, os registros do SMS contavam com 3.150 associados regulares, ou seja, aqueles que haviam pago todas as suas contribuições e, portan-

4. *Movimento,* 24-30/08/81 publicou um resumo do desempenho das OSMs nas eleições para 12 sindicatos metalúrgicos no país. De acordo com aquela publicação, as OSMs conseguiram vencer em 6 daqueles sindicatos, no período de julho de 1980 e agosto de 1981. Portanto, as dificuldades deparadas pela OSM da Bahia não eram casos isolados. O artigo mencionado também revelou outras instâncias do sindicalismo "pelego" em outras áreas do país, por exemplo, um caso similar de manipulação (i.e. a OSM ficou impedida de competir) que aconteceu no Sindicato dos Metalúrgicos de São Caetano do Sul, dentro da área do ABC paulista.

5. Abreviatura para o Sindicato dos Trabalhadores na Indústria Petroquímica da Bahia. É, sem dúvida, o sindicato mais forte e combativo da Bahia. Ver a propósito, Freitas (1984).

to, podiam votar. Nas fábricas maiores, tais como a Usina Siderúrgica da Bahia (USIBA), onde havia 250 associados do SMS, num total de 1.050 operários, apenas 13 associados compareceram às urnas. Em F.1, de 118 associados, apenas 2 votaram, enquanto que em F.2, de 67 operários sindicalizados, 35 votaram. Ademais, foi relatado, na imprensa local, que algumas fábricas nas quais piquetes não foram formados pela OSM, operários foram pressionados a votar pela gerência (ameaça de multa) ou por partidários de Santos.

Havia 14 postos de votação, 12 localizados nas fábrias maiores, e um posto móvel que coletava os votos das fábricas menores e periféricas. Em alguns destes postos não havia qualquer controle pela OSM. Na contagem, 6 urnas tinham *exatamente o mesmo* número de votantes potenciais. O resultado final registrou 2.131 votos, sendo 1.839 em favor de Santos e sua clique, 193 nulos e 96 em branco. Estes números foram suficientes para reeleger Santos e seus partidários. Na verdade, eles obtiveram 161 votos a mais que a quantidade de que necessitavam, de acordo com a legislação eleitoral em vigor. Matérias publicadas pela imprensa local informavam que algumas urnas não haviam sido seladas adequadamente antes de serem guardadas, durante a noite, na sede do sindicato, a fim de serem entregues para apuração no dia seguinte.

Após sua reeleição, em outubro de 1979, Santos publicou uma longa carta na imprensa, defendendo-se contra a acusação de fraudes e fornecendo ao leitor uma longa lista de realizações durante seu "reinado" de 15 anos na direção do SMS:

I – A aquisição da sede do SMS: um grande e velho sobrado num bairro residencial central de Salvador;

II – A compra de um grande terreno, próximo a uma das praias mais elegantes da periferia norte de Salvador, onde pretendia construir uma colônia de férias para os metalúrgicos;

III – A instalação de serviços médicos, odontológicos e laboratório de análise na sede do sindicato, além da aquisição de uma ambulância para transportar associados doentes;

IV – Assistência jurídica fornecida no sindicato por advogados contratados, em hora marcada;

V – Finalmente, uma lista de benefícios alcançados para os metalúrgicos, tais como pagamento de triênios e qüinqüênios de permanência em serviço, um salário mínimo mais elevado que o obrigatório, garantia de emprego durante a gravidez e pagamento suplementar para operários em licença para tratamento de saúde.

Vale salientar que estes últimos benefícios faziam parte de políticas trabalhistas promovidas pelo governo em todo o país e não parece que qualquer sindicato tivesse que lutar separadamente para assegurar seu direito àqueles benefícios.

Certamente, Santos teve acesso a recursos financeiros fornecidos pelo *imposto sindical*, o qual, como se sabe, prescinde da associação obrigatória do trabalhador ao sindicato. Esses recursos tornaram possível ao SMS alcançar o tipo de metas mencionadas acima. Atividades daquele tipo serviram para reforçar a imagem do SMS como uma entidade preocupada, exclusivamente, com o provimento de assistência social a seus associados. Neste sentido, o caso do SMS constituiu-se apenas um exemplo corriqueiro do processo de despolitizaçao do sindicalismo no Brasil, após 1964.

Precisamos destacar também, a relação entre as atitudes conformistas formadas pelos operários com relação a uma variedade de questões trabalhistas chaves, e o papel assistencialista que eles contemplavam para o sindicato. A posição de Santos como "chefe" do SMS, durante a construção de "Aratu", foi também providencial no sentido de que ele ajudou a fortalecer os mecanismos pelos quais um sistema "adequado" de relações industriais pudesse operar na Bahia. Esse sistema foi um requisito primordial para a expansão do grande capital industrial na Bahia, através da implantação de "Aratu". As mudanças no papel e orientação, por parte da direção do SMS, a partir de 1964, e seus efeitos sobre o sistema de relações industriais, formam uma parte importante do *background* ideológico dos metalúrgicos baianos. Também pode ser concluído que Santos e seu "peleguismo" são um produto resultante da relação de atrelamento dos sindicatos ao Estado, a qual, por sua natureza, abre os sindicatos a uma variedade de experiências que vão de populista a conservadora, num espectro ideológico determinado, no final das contas, pelo Governo em vigor.

3.3 Dezembro de 1982 até o presente

Após ser derrotada na eleição de 1979, a OSM começou a desenvolver um programa extensivo para fortalecer sua influência nas bases metalúrgicas. A tentativa de processar o SMS por fraude no Tribunal Regional do Trabalho não foi bem-sucedida. Os três anos seguintes foram de preparativos e de organização. Alguns de seus membros estiveram ativamente envolvidos na criação do Partido dos Trabalhadores. Além disso, a totalidade do movimento operário brasileiro estava desenvolvendo-se rapidamente, promovendo encontros nacionais de trabalhadores para a formação da Central Única dos Trabalhadores (CUT) que se tornou o foco deste processo. Novamente, membros da OSM foram participantes ativos nesses encontros, nos quais tiveram a oportunidade de obter apoio de seus colegas de outras partes do país. Em maio de 1982, a OSM finalmente conseguiu organizar o 1º Encontro dos Metalúrgicos Baianos, que teve a duração de 3 dias, e do qual participaram cerca de 200 trabalhadores. As reuniões receberam boa cobertura da imprensa e certamente fizeram a OSM mais respeitada entre os metalúrgicos.

A vitória dos candidatos da OSM foi anunciada após a eleição de 1982 no SMS. Nesta votação, a OSM obteve 1.745 votos, contra 466 obtidos pela facção de Santos. Reivindicaram-se mais 18 votos para Santos, obtidos por uma terceira chapa competidora, que parecia ter sido uma última tentativa, inútil, de confundir os metalúrgicos. Dos 3.409 associados do SMS, 2.207 votos foram contados. Em 4 de dezembro de 1982, Passos entregou a chave da sede do SMS ao presidente eleito. Uma das primeiras metas desta nova diretoria foi uma campanha para aumentar o número de associados e, dentro de um mês, o SMS já havia conseguido 500 novos associados. Parece que pela participação na reorganização do movimento operário na Bahia, sob a liderança do SINDIQUÍMICA, e sendo capaz de usar a experiência de seus colegas em São Paulo, Rio de Janeiro e Minas Gerais, a nova liderança do SMS estava pronta a construir uma nova reputação para o seu sindicato.

Uma avaliação das dificuldades da OSM apontam para duas linhas de análise em relação ao movimento operário na Bahia:

I – Suas dificuldades foram as de militantes de uma categoria ocupacional, cujo sindicato havia sido desenvolvido no período das alianças populistas de classe no Brasil (1959-1964). Portanto, seu crescimento baseou-se no apoio tácito ou claro do Governo. A natureza transitória desse apoio tornou o SMS mais suscetível à intervenção governamental e, mais tarde, ao desenvolvimento de um tipo de "peleguismo" do qual não conseguiram se livrar por 18 anos.

II – Esta avaliação torna-se ainda mais clara, se a compararmos com o desenvolvimento recente do SINDIQUÍMICA, o qual foi fundado em 1978, num período em que o sistema de aliança de classe havia sido quebrado. Em 1982, o SINDIQUÍMICA já havia formado um corpo de associados de cerca de 7.000 operários, de um total de 14.000 petroquímicos. Esta organização começou a desenvolver-se na Bahia após a criação do Complexo Petroquímico de Camaçari (COPEC), no final dos anos 70. Uma revisão apressada da história do SINDIQUÍMICA mostra um rápido crescimento em número de associados, uma militância incansável, lutas vitoriosas por melhorias salariais e de condições de trabalho, a capacidade de mobilizar assembléias de até 4.000 associados, e participação em campanhas de solidariedade a operários grevistas em outras partes do país.

Nossas entrevistas sobre o papel dos sindicatos e do sindicalismo foram realizadas durante o ano de 1979 e início de 1980. Em F.1 elas foram realizadas antes da campanha de 1979 pela eleição da nova diretoria do sindicato e, durante e após as greves massivas de março e abril, pelos metalúrgicos da Grande São Paulo. Em F.2, as entrevistas foram conduzidas após as greves e, durante e após a campanha eleitoral. O tipo de respostas obtidas nas entrevistas reflete esses dois diferentes períodos de tempo e nos referiremos a esses fatores quando necessário.

4. Sindicalização

Durante o trabalho de campo, fomos informados pela gerência das fábricas que o número de operários registrados como associados do SMS era de 118 e 67, em F.1 e F.2 respectivamente. Isso perfaz menos de 15,5% do total da força de trabalho dos 762 operários em F.1 e quase 22% dos 306 funcionários de F.2 naquela época. As percentagens reais de sindicalização eram mais baixas do que o número de entrevistados que informaram ser membros do Sindicato nas entrevistas estruturadas (33,7% e 29,44%, respectivamente). Isso pode ser explicado por três razões principais:

I – Alguns operários, não-qualificados, identificavam participação no SMS com registro no sistema de previdência social.

II – Alguns operários semiqualificados e qualificados pretendiam atender ao que achavam que era nossa expectativa, isto é, que eles deveriam ser associados ao SMS.

III – Os dados da gerência, acerca da participação nos sindicatos, inclui também o pessoal administrativo. Uma vez que o grau de associação ao SMS entre eles era compreensivelmente baixo, sua inclusão contribuía para uma taxa de sindicalização mais baixa em ambas as fábricas. Em outras palavras, os dados sobre a sindicalização, nas entrevistas estruturadas, incluíam apenas operários da produção, o que tornava esses números mais altos.

Além disso, alguns operários em F.1 acreditavam que sua participação no SMS era compulsória ao tempo de sua admissão. Mais ainda, parecia que, de alguma forma, a gerência contribuía para a manutenção dessa crença. Santos não tinha qualquer dificuldade em abordar os operários dessa fábrica para aumentar o número de associados do SMS. Também parecia que em outras fábricas (o que inclui F.2) a continuação de Santos, como líder do SMS, era veladamente apoiada pela gerência.

Por outro lado, em F.2, embora o DRI não mostrasse qualquer interesse especial em aumentar a taxa de associação no SMS, naquela época, seu apoio ao "peleguismo" de Santos era evidente em algumas ocasiões. A existência de 22% de operários sindicalizados nesta fábrica deve ser atribuída aos fatos de que era mais antiga (datando de 1964) e que Santos tinha dois partidários ativos entre os operários de F.2.

Em suma, havia uma percentagem relativamente baixa de membros associados do SMS em ambas as fábricas, mesmo levando em consideração apenas os dados das entrevistas estruturadas. Na época, também fomos informados pelo próprio Santos que o número de associados do SMS havia alcançado 6.000, embora apenas 4.500 desses pagassem sua mensalidades regularmente. Foi um exagero de sua parte, conforme nos informou a nova diretoria do sindicato, em janeiro de 1983. Embora as estatísticas oficiais indicassem que apenas 15.000 metalúrgicos eram potenciais associados do SMS na RMS, Santos insistiu que "sua" categoria era composta de mais de 32.000 operários. Contudo, a nova diretoria informou que apenas 16% dos metalúrgicos da RMS eram sindicalizados. A respeito de outros operários baianos, Carvalho (1969) também afirma que somente 6,2% de sua amostragem declararam manter relacionamento com colega, como resultado de participação em alguma atividade sindical fora das fábricas, e apenas 3,8% dentro delas. Carvalho também afirma que 57,7% de operários de sua amostragem declararam serem sindicalizados, o que nos parece ser excessivamente elevada, uma vez que essa percentagem de sindicalização não foi atingida sequer pelo SINDIQUÍMICA que possuía, em 1979, cerca de 4.500 associados (45%) de um total aproximado de 10.000 operários petroquímicos. Em 1983, o SINDIQUÍMICA possuía 7.000 (50%) associados de um total de 14.000 operários na categoria profissional. A amostragem de Carvalho incluía operários dos setores industriais tradicionais (têxteis, açúcar, bebidas e alimentos) que devem ter contribuído para aquela elevada taxa de sindicalização. Além disso, Carvalho também afirma que alguns de seus entrevistados pareciam confundir, como muitos metalúrgicos de F.1 e F.2 fizeram, as organizações sindicais com os órgãos do sistema de previdência social. Humphrey (1979) informa que a taxa de sindicalização na área do ABC variava de 45% entre os operários qualificados e apenas 30% entre os "peões". Os baixos índices de sindicalização, mesmo nas áreas mais combativas do sindicalismo brasileiro, devem ser levados em consideração, portanto, em discussões sobre o desenvolvimento do sindicalismo no Brasil. Essa baixa taxa de sindicalização torna-se ainda mais significativa quando examinarmos as razões daqueles, quando disseram por que eram sindicalizados.

5. Concepções Operárias Acerca do Papel do SMS

Em F.1, por exemplo, mais de 1/3 dos operários sindicalizados mostraram completa ignorância em relação ao que deveria ser o papel do sindicato. Comentários típicos nesta fábrica eram:

> "Eu nem sei, me sindicalizaram. Não faz bem nem mal. Sindicato não significa nada. É marmelada " (peão).

"Sou sindicalizado mas não sei porque, pois não vejo este sindicato fazer nada por ninguém. Não faz mesmo. Não tirei meu nome ainda porque não tive tempo " (operário semiqualificado).

"Não sei dizer nada do sindicato. Sou sindicalizado por um acaso. Quando cheguei aqui tive oportunidade e achei que devia ser bom algum dia. O sindicato aqui é uma bagunça. Um dia o pessoal foi lá assistir uma reunião e o chefe não foi..." (técnico qualificado).

A alta incidência de expectativas assistencialistas (53,3%) em F.2 é congruente com as funções que o SMS tinha desempenhado nos últimos quinze anos. Essas eram de operários que queriam que seu sindicato fornecesse melhores serviços de assistência social, como foi claramente afirmado por um operário qualificado dessa fábrica:

"O sindicato é como eu pegasse numa coisa a que eu tenho direito, assim como tenho direito ao médico."

Outros comentários típicos dos operários de F.2 foram:

"Porque preciso. Tenho família que sempre precisa de uma segurança. Se ficar doente, tem médico. Tem o INPS, mas o sindicato é uma força..." (peão).

"Quando entramos aqui não existia PROMÉDICA. No sindicato tinha médico, dentista... O sindicato tinha bolsa de estudo, problema de aumento e mesmo a empresa queria que todos os funcionários se sindicalizassem " (torneiro experiente).

Os mais politizados colocavam sua participação no sindicato como alguma coisa importante, tipo uma obrigação moral. Alguns desses foram também críticos do desempenho do SMS. Estes foram mais freqüentes (29,4%) em F.1. Isso pode ser explicado pelo fato de que as entrevistas nesta fábrica foram conduzidas durarte as famosas greves dos metalúrgicos de São Paulo, em 1979:

"Embora o sindicato não seja atuante, mas eu acho uma obrigação..." (operário qualificado de F.1).

"A gente é sindicalizado pensando que o sindicato dá uma força à gente, no entanto o da Bahia não dá " (operário qualificado de F.2).

"Sou sindicalizado porque acho que todo elemento que trabalha tem que se sindicalizar, tem que tá aliado a um órgão que possa reivindicar por ele " (torneiro de F.2).

Alguns membros da OSM em F.2 foram mais ainda diretos nos seus comentários, durante as entrevistas exploratórias:

"Porque acho que todo 'profissional' tem que se sindicalizar " (soldador).

"Bom, eu não sei porque eu sou sindicalizado. Na verdade, o nosso sindicato aqui não oferece nenhuma vantagem né? Tem hora que a gente... dá vontade da gente ir lá e pedir, mandar uma carta pra anular a sindicalização, entendeu?... Porque o sindicato que nós temos aqui... sei lá, não ajuda o crescimento da classe. Não dá uma prova realmente que é uma organização que luta por seus direitos. Mas que dentro do sindicato posso contribuir pra que ele mude realmente o sistema dele, de reivindicar os direitos da classe. Eu acho que lá dentro eu posso... É uma opinião a mais, entende? A favor de que mude o esquema atual entende?" (torneiro).

Alguns operários mantiveram que tinham se tornado associados do sindicato por força das circunstâncias:

"Fui praticamente forçado a me sindicalizar. Comprei um apartamento pelo INOCOOP e para comprá-lo a pessoa tinha que ser sindicalizada. Se não fosse isso, não seria. Quando receber o apartamento vou cortar completamente. É o maior roubo. O que o sindicato nos dá, a fábrica nos dá!" (operário qualificado de F.1).

"Pra fazer um teste na Escola Técnica precisava eu me sindicalizar. Nós temos assistência dentária, é mais uma... o dinheiro é tão pouco " (operário qualificado de F.1).

Fatores utilitários similares também apareceram em F.2 durante as entrevistas exploratórias:

"Bem, no momento eu fui sindicalizado por influência de companheiros, porque naquela época lá em baixo, que eu não tinha onde morar, morava em casa de aluguel, o cara disse 'sindicalizado é mais fácil'. O sindicato inclui você na lista pra você comprar um apartamento ou uma casa. Nessa época quem fazia o fichário era um chefe da produção. Aí eu participei a ele, ele preencheu a ficha, começou a descontar, até hoje, entendeu?" (soldador).

"Sou. Mas sou sindicalizado por questão de esporte. Assim que entrei na firma fazia parte do campeonato de futebol. Então, modéstia à parte, em termos de futebol eu conheço um pouquinho. Então eles fizeram com que eu me sindicalizasse pra que eu pudesse ter acesso a esse campeonato. E hoje em dia não tou arrependido. Eu conheço cinco estados. Agradeço ao sindicato, jogando futebol pelo sindicato " (operário semiqualificado).

Deve-se também notar nos comentários que muito raramente mencionavam o seu sindicato, usando o possessivo "nosso". No nosso entendimento isso é muito importante. Primeiro, porque não havia nada que o sindicato "pelego" tivesse feito nos 15 anos anteriores que pudesse ter favorecido o surgimento daquele sentido de "pertencimento". Segundo, essa tendência de visualizar o sindicato como alguma coisa feita "para" eles e não "por" eles também já foi notado por estudiosos brasileiros.[6] Esse ponto é tornado mais claro, quando se examina os comentários daqueles operários (mais de 2/3 em ambas as fábricas) sobre o por quê eles *não tinham* se tornado associados do SMS.

As respostas dos operários a essa questão estão sumarizadas na tabela a seguir:

RAZÕES PARA NÃO SER SINDICALIZADO

	F.1		F.2	
	Nº	%	Nº	%
Pragmático	16	23,9	14	38,8
Nunca gostei de sindicatos	11	16,4	–	–
O SMS é ineficiente	9	13,4	6	16,7
Não estou ciente da existência do SMS	16	23,9	3	8,4
Tenho medo de sindicatos	4	6,0	2	5,6
Outro(1)	11	16,4	11	30,5
TOTAL	67	100,0	36	100,0

Fonte: Entrevistas estruturadas.

(1) Respostas evasivas ou ambíguas.

I – Houve uma percentagem relativamente alta (23,9% em F.1 e 38,8% em F.2) de expectativas pragmáticas em relação ao sindicato. Isso significa que um número significativo de operários não se tinham tornado associados do SMS por-

6. Carvalho observa nesse contexto: "Nessas condições, para a maior parte dos trabalhadores, os órgãos e classe são considerados como associações mutualistas de caráter assistencial médico e jurídico, principalmente procurados para atender a necessidades particulares dessa natureza e avaliados segundo a solução mais ou menos satisfatória que consigam dar a tais problemas..." (página 65). A propósito, ver também as observações de Lopes (1964) sobre metalúrgicos paulistas que pareciam perceber os sindicatos como algo feito por "outros", para "eles", e não por eles mesmos. Lopes também notou o freqüente uso de "eles" em vez de "nós", quando se referiam aos seus sindicatos. Brant (1981) também afirma que mesmo os militantes do novo sindicalismo em São Paulo freqüentemente identificavam o sindicato com a liderança em vigência.

que este não oferecia, a seu ver, qualquer vantagem prática. Para esses operários, portanto, sindicato é uma entidade que deve ser julgada por suas vantagens práticas. Entre os operários qualificados, em ambas as fábricas, sobretudo, essas percentagens foram mais altas (40,0% em F.1 e 46,2% em F.2). Isso novamente é resultado do que o SMS tinha na verdade lhes oferecido nos últimos 15 anos: assistência médica, advogados, dentistas, bolsas e empréstimos. Uma vez que esses serviços eram prestados pelas fábricas e/ou sistema de previdência social, não podiam ver qualquer outra vantagem em se tornar sindicalizados, como alguns deles claramente afirmavam:

> "Estava a fim de me sindicalizar mas houve uma crise no sindicato e com aquilo soube que o sindicato não tava dando assistência. Aí não me interessei. Também na fábrica não precisamos de sindicato para satisfazer nossas necessidades " (operário semiqualificado).

> "Já tive vontade, mas tenho CAPEMI, PROMÉDICA, INPS, fica coisa demais " (operário qualificado).

> "Em Valença, era sindicalizado. Aqui me procuraram. Muita gente diz que o sindicato é isto, é aquilo, e eu fico na minha... Já tenho tanto seguro. As vantagens que ele traz não motivam a gente a se sindicalizar " (operário qualificado).

> "Olha, o sindicato pra mim não tem nenhuma vantagem, principalmente esse nosso da Bahia, não dá nenhuma vantagem. Esta empresa também faz com que o funcionário nem sequer pense em se sindicalizar. É uma empresa que lhe dá os aumentos todos, antes de qualquer conversa, vem realmente regular. Pra que sindicato? Médico eu tenho na empresa, tenho a PROMÉDICA. Sindicato é quase elemento nulo na empresa" (operário qualificado).

Todos os comentários acima são de operários de F.2. No passado, os trabalhadores nesta fábrica tiveram maior acesso aos serviços assistenciais do SMS por que, além dos fatores já mencionados, sua sede fica mais próxima da sede do SMS.

Em F.1, por outro lado, a essas expectativas de vantagens ou serviços do SMS também apareciam associadas reclamações pelo que os operários achavam uma carga excessiva de deduções dos seus salários:

> "Já tem tanto desconto e quando a gente vai procurar um benefício, é tanta dificuldade " (operário semiqualificado).

> "Ajudo meus pais. Se desconta muito fica pouco para a minha família " (operário não-qualificado).

> "Porque acho que o sindicato não traz benefício nenhum. Só faz tirar do meu..." (operário não-qualificado).

"Não tive opinião. Já teve gente aí, mas a grana não dá. É uma bobagem que descontam, mas..." (operário não-qualificado).

Nessa fábrica, alguns "peões" também não pareciam conseguir distinguir entre as funções do sistema de previdência social e os papéis que contemplavam para os sindicatos:

"Sindicato não dá não... Nunca ninguém me pediu para ser sócio. Nunca pensei no assunto. O meu problema é assistência médica, a família..." (operário semiqualificado).

Entre os operários qualificados que viviam nas pequenas cidades, a razão para não se sindicalizarem era o fato de que não podiam usar os serviços assistencialistas, uma vez que a sede do SMS estava localizada no centro de Salvador:

"Não tenho tempo de andar para o sindicato. Não vejo o que usufruir do sindicato. Não sei nem onde é a sede. Sei do sindicato pelo imposto sindical que pago todo ano" (operário qualificado).

II – Os dados das entrevistas estruturadas também mostram quase 1/4 de respostas completamente alienadas em F.1, mas apenas 8,4% em F.2. Esta é uma boa indicação da falta de informação que a OSM tinha que enfrentar em F.1. Aqui seguem comentários típicos dos "peões" desta fábrica:

"Não entendo de sindicato, meu dinheiro é pouco. Não tenho condições de pagar o sindicato."

"Vou ser franco, acho que não devo ser sindicalizado. É uma preocupação a mais."

III – A má reputação dos sindicatos militantes que antecederam a ditadura militar e enfatizada pelo regime autoritário durante a greve paulista de 1979[1] está refletida nas respostas daqueles operários em F.1 que diziam que nunca gostaram dos sindicatos (16,4%):

"Não vejo nenhuma vantagem em ser sindicalizado. Sou autônomo. Tenho minha liberdade. Sindicato é para resolver problemas. Os meus problemas, quando eu tenho, eu resolvo. Eu sou totalmente contra o sindicato " (operário qualificado).

IV – A ineficiência dos sindicatos "pelegos" ficou conhecida nas respostas operárias (13,4% em F.1 e 16,7% em F.2) do tipo "Eu nunca fui abordado para me tornar sócio do sindicato" ou "O sindicato não serve para nada " Isso está mais claro nos seguintes comentários:

"Porque tá havendo um outro problema que eu não posso me sindicalizar. Já procurei o sindicato, mas... Bom, se eu for no sindicato, Santos não vai me sindicalizar, entendeu? Porque isso já tá acontecendo com vários outros colegas. Vão toda hora no sindicato e não tiveram direito de se sindicalizar. Mas eu vou procurar, tentar me sindicalizar... Ele não pode de modo algum fazer isso. É errado, mas ele não tá com a força e o grupo nas mãos?" (torneiro de F.1 e participante da OSM).

"Já fui sindicalizado e caí fora. Acho o nosso sindicato muito fraco " (operário qualificado de F.2).

"Não vale a pena, os sindicatos não têm valor nenhum para as filiais. Todas as decisões vêm da matriz. O sindicato não obriga os filiados a cumprir seus deveres" (operário qualificado de F.2).

"Não vejo esse sindicato fazendo nada lá em Salvador. Se fosse aqui (Candeias)..." (operário qualificado de F.1).

"Já fui nesse e sou no de açúcar.* Mas fui na sede e vi lá um assunto que não gostei e me retirei. O presidente do sindicato terminou o mandato, depois se candidatou único " (operário qualificado de F.1).

As baixas taxas de sindicalização em ambas as fábricas eram parcialmente resultado da ineficiência do SMS em desempenhar o papel assistencialista que havia implementado nos últimos 15 anos. Esse papel tinha se tornado redundante pelos benefícios fornecidos em ambas as companhias, pelo sistema de previdência social e organizações privadas. Conseqüentemente, as mensalidades dos sindicatos simplesmente consistiam em deduções excessivas para operários com salários mais baixos. Também como resultado do assistencialismo do SMS, este era erroneamente identificado ao INPS. Como dissemos, do ponto de vista dos operários de F.1, vivendo nas pequenas cidades, os serviços assistencialistas fornecidos pelo SMS eram igualmente inacessíveis, uma vez que sua sede estava localizada no centro de Salvador.

Além disso, em F.1 quase 1/4 dos operários não sindicalizados mostravam completa falta de informação acerca da existência do SMS, enquanto em F.2 esses perfaziam apenas 8,4% de operários não sindicalizados. Também em F.1, mais de 1/5 dos operários informaram que não eram sindicalizados porque consideravam os sindicatos, em geral, instituições causadoras de problemas, inaptos até mesmo para desempenhar seu papel assistencialista. De certo, a reconhecida incompetência do SMS em desempenhar suas funções contribuía em grande parte para fomentar essas expectativas em relação ao sindicato.

* Ele se refere ao sindicato dos trabalhadores na agroindústria açucareira.

6. Expectativas Operárias Acerca do Papel dos Sindicatos (em geral)

A questão seguinte pergunta aos operários de ambas as fábricas qual deve ser a função dos sindicatos. Suas respostas foram classificadas de acordo com quatro diferentes orientações operárias com relação aos sindicatos e ao sindicalismo, inspiradas pelos trabalhos de Hyman, op. cit. e em Jellin (1976): "obreirista", "radical", "assistencialista" e "conciliadora". Por uma consciência e orientação "obreirista", queremos dizer, conforme Lenin (1902:63), "a convicção de que é necessário organizar-se em sindicatos, lutar contra os empregadores, e batalhar para influenciar o governo a passar a legislação trabalhista necessária, etc". Uma consciência "militante" ou "radical" é expressa no compromisso de implementar ações de caráter mais estritamente político, através do movimento sindical. Uma consciência assistencialista é expressa na expectativa de operários que pensam que os sindicatos devem fornecer-lhes e, às suas famílias, serviços assistenciais. Uma orientação conciliadora é expressa na ideologia do *business unionism,* isto é, a crença na possibilidade de harmonização entre os interesses do trabalho e do capital. A orientação conciliadora, algumas vezes, é combinada com um anticomunismo frenético.

Nossa análise dos discursos dos operários será baseada nessas orientações, implícitas nas respostas coligidas. Mas primeiramente, deve-se notar que 15% do total de respostas em F.1 e 9,7% em F.2 foram provenientes de operários que demonstravam uma completa falta de informação a respeito do papel do sindicato. Isso novamente fornece apoio para nossa explicação anterior sobre a percentagem exagerada de operários que disseram serem sindicalizados. Se as percentagens acima são acrescentadas ao total (27,1% em F.1 e 24,2% em F.2) daqueles que não responderam à questão, alcançaremos um alto grau de desconhecimento ou apatia em ambas as fábricas (42,1% de respostas em F.1 e 33,9% em F.2).

A tabela a seguir resume as respostas dos operários à questão:

	F.1		F.2	
	Nº	%	Nº	%
Obreirista	20	18,7	17	24,4
Radical	9	8,4	10	16,1
Assistencialista	10	9,3	7	11,3
Conciliadora	10	9,3	–	–
Outras	13	12,2	7	11,3
Nenhuma resposta	45	42,1	21	33,9
TOTAL(1)	107	100,0	62	100,0

(1) Foram admitidas respostas múltiplas.

I – Existem, pelo menos, vestígios de uma consciência "obreirista" na expectativa de melhoria através de reivindicações negociadas pelo sindicato, daqueles operários que limitavam a função dos sindicatos a campanhas por melhorias salariais e/ou de suas condições de trabalho. Esses representavam 18,7% do total das respostas em F.1 e 27,4% em F.2. Essas percentagens, novamente, eram pouco mais elevadas entre os operários qualificados (24,4% em F.1 e 30,2% em F.2) e parecia-nos ser uma maneira de expor expectativas pragmáticas em relação ao papel da instituição, com a qual não se sentiam muito identificados. Seus comentários clarificam melhor essa interpretação:

"Deve ser mais atuante e discutir mais com seus associados, principalmente a questão de salário " (operário qualificado de F.1).

"Lutar pelo bem do funcionário em termos de segurança, em termos de salario, de cargos, horários de trabalho" (operário "obrerista" típico de F.2).

"Lutar por aumento de salário, mas o daqui não faz este benefício do funcionário. As companhias fazem o que querem " (operário qualificado de F.1).

"Amparar seus associados dentro das leis porque as empresas... Muitas fazem as normas; muitas em que já trabalhei " (operário qualificado de F.1).

"Acho que o sindicato deve lutar para melhorar o custo de vida, pois o aumento que o governo dá, logo é sufocado " (operário qualificado de F.1).

"O sindicato deve ajudar o trabalhador. O sindicato não resolve nada aqui. Poderia conseguir uma ajuda de custo pra gente. Debater com o Ministério do Trabalho " (operário qualificado de F.1).

II – Havia também vestígios de uma consciência "militante" ou radical nas respostas daqueles que foram resumidos sob a categoria "o sindicato deve lutar pela classe". "Classe", aqui significa, uma vez mais, os metalúrgicos. Enquanto que em F.1 havia apenas 8,4% de respostas desse tipo, em F.2 a percentagem foi de 16,1%. Também deve ser repetido, aqui, que a OSM tinha um maior número de membros e simpatizantes entre os operários qualificados de F.2. Em F.1, um papel radical para o sindicato começou apenas a ser considerado depois do sucesso das greves dos metalúrgicos em São Paulo. Seguem-se exemplos de comentários de operários, que ilustram esta categoria de respostas:

"A via sindical é a maneira mais viável de luta coletiva. O que o pessoal precisa entender é que o sindicato não é greve, não é baderna, mas é luta séria da classe " (eletricista qualificado e participante da OSM em F.1).

"Olha, eu não estou muito a par desse problema de sindicato, mas eu acredito que ele deveria, principalmente o sindicato daqui, zelar pelos interesses da classe operária. Segundo se diz, o nosso ilustríssimo presidente, sr.

Santos não o faz. Pelo contrário, dizem que ele zela mais pelos interesses dos patrões do que dos operários. Então, eu achava que o sindicato deveria lutar mais diretamente pressionado, no caso, porque os próprios patrões têm o sindicato deles. Então... o nosso... qual era a função dos nossos? Pressionar eles para nossa melhoria." (operário qualificado e participante da OSM em F.2).

"O sindicato deve ser aquele que deve ser o porta-voz daquilo que a classe acha em todos os aspectos econômicos e sociais. Deve ser aquele que promove também o desenvolvimento da classe. Não só quanto ao aspecto salarial do movimento sulista, mas aquele que procura também... Digamos: trabalhar em função de realizar cursos e coisas que desenvolvam o operariado, desenvolvesse a classe. Acho que a luta da OSM é essencial. Agora está marcada, prevista assembléia pra discutir sobre o assunto. Aí a assembléia toda dos metalúrgicos deveria acontecer. Acontece que a assembléia não foi divulgada. Quem sabe poderia ter acontecido até ontem secretamente com o pessoal que tá ligado diretamente a Santos, e a gente não tem voz. Então, como Santos não é alguém que está representando a classe toda, mas uma minoria privilegiada, é claro que exonerá-lo do cargo seria a coisa melhor que poderia fazer" (operário qualificado e participante da OSM em F.2).

"O sindicato tem muito a fazer pela classe. Uma coisa que ele deve fazer é melhorar as condições do sindicato, em termos de apoio ao pessoal que sai do emprego, que está parado. Puxa, como é que um pai de família passa 6 meses dentro de uma Bahia, alto custo de vida, o maior custo de vida do Brasil, senão da América Latina, em termos de cidade do Nordeste. Como é que um homem desse tem condições? Acho que não há nenhuma condição... Deixar de comer um pouco, aquele que entra no sindicato e trabalha pela classe, né? Acho que falo em termos de operário... a pessoa fica muito... muito manjada em termos de sindicalismo..." (operário qualificado e partidário da OSM).

III – Mais de 9% dos entrevistados em F.1 e mais de 11% em F.2 contemplaram expectativas assistencialistas para o sindicato. Seus comentários ilustrativos foram do seguinte tipo:

"Ele deve fazer tudo principalmente pelo funcionário... Deve reivindicar aumento, em primeiro lugar... Assistência médica, tudo que precisa, estudo, bolsa de estudo, empréstimo pessoal. Pra fazer empréstimo que é a coisa mais difícil do mundo, mas não faz. Recreio, esporte, um clube que você pudesse levar sua família, isso nós não temos no sindicato, infelizmente não tem ele..." (operário semiqualificado de F.2).

"Olhe, na minha opinião, vou ser um pouco franco a você, sou um cara totalmente por fora do sindicato, sou um cara neutro. Se o sindicato quer fazer isso, faça... Eu sei que todo mês eu pago um por cento, se não engano... Não tomo menor conhecimento do que ele faz lá porque só quando tenho um problema médico vou lá e me entendo com o responsável. Mas, o resto, nunca liguei para este negócio de sindicato" (operário semiqualificado de F.1).

"Arrancar dentes, médico no horário certo. Minha mãe é sindicalizada. Vai lá e não é atendida" (operário não-qualificado de F.1).

"Ajudar e dar certas vantagens, emprestar dinheiro. Promover reuniões e passeios" (operário não-qualificado de F.1).

IV - Houve 9,3% de respostas em F.1, demonstrando preferência por um papel conciliador para o sindicato, conforme indicado em seus comentários:

"Resolver nossos problemas sem agitação. Da melhor maneira possível" (capataz).

"O sindicato deve trabalhar de comum acordo com a firma, sem impor nada" (capataz).

"Sempre detestei duas coisas: político e a política. Por isso, nunca liguei pro sindicato. Tudo que tem política no meio, estou à parte!" (operário semiqualificado de F.1).

Os capatazes (supervisores) demonstravam uma crença na possibilidade de existência de relações harmoniosas entre capital e trabalho implementada pelo regime militar, durante a implantação de "Aratu" e outros projetos similares, durante os anos de ditadura. Nessa fábrica, pode-se notar a incidência da associação, de uma expectativa "obreirista", a uma orientação conciliadora. Isso resultava na sugestão de que o sindicato deveria desempenhar um papel duplo, enquanto negociador de salários, por um lado, e mantenedor da paz na fábrica, por outro. Em outras palavras, isso implica que o ativismo sindical deveria ocorrer "dentro das leis", como foi repetidamente afirmado por operários experientes de F.1. Em termos da ideologia oficial sobre a solução de problemas das relações de trabalho, isso é simplesmente mais um subproduto da tentativa do "sistema" em criar uma imagem harmônica das relações entre capital e trabalho. Essa harmonização, resumindo, era implementada ideologicamente através da cooptação dos sindicatos e seus líderes. O SMS e Santos são exemplos claros desse processo.[7]

---

7. Green (1979) informa que desde o golpe militar de 1964 no Brasil, o American Institute of Free Labour Development (AIFLD) "treinou mais de 5.000 sindicalistas brasileiros em seus progra-

V – As respostas classificadas como "outras" (12,2% em F.1 e 11,3% em F.2) eram ambíguas ou provenientes de operários que tentavam evadir da questão, através de um comentário demasiadamente geral. Algumas vezes, contudo, esses comentários eram associados com uma crítica inesperada ao *status quo* no SMS, tais como no comentário de um supervisor de F.2:

> "Olha, o sindicato surgiu naquela época, em 64, em torno do sindicato que tinha comunistas, aquele negócio todo. Nessa época eu tinha uma visão pequena e meio medrosa porque meu pai era militar e eu também tinha estudado na escola militar. Então eu não tinha uma idéia, a visão que tenho hoje. Então achava que não devia participar porque achava que no fundo, no fundo, era baderna. Mas hoje não vejo isso... No sindicato não tenho muita participação não, normalmente pago minha anuidade pra ser registrado aqui na empresa. Pelo seguinte: pelo que tenho lido, sindicato em outro país tem uma força incrível, certo? E aqui acho que nunca vão conseguir isso."

Um supervisor de F.2, que participara de programas de análise transacional, tentou desculpar sua apatia em relação ao sindicato através de elogios à liderança de Lula e, ao mesmo tempo, expôs seu ceticismo em relação a outros líderes sindicais:

> "Eu diria que o sindicato... um exemplo típico de sindicato... Eu não conheço os sindicatos do Sul, mas pelo que ouço dos jornais e da televisão... é mais ou menos como o Lula. Não quero dizer que o Lula faça um sindicato perfeito, mas pelo menos é um cara que procura trabalhar. Pelo menos, a gente vê, tem conseguido coisas para os trabalhadores, certo? Então é um cara que já tem talvez uma independência social, cultural, interior. Então um cara quando tem isso e quando não coloca valores acima de tudo, ele faz as coisas com amor. Então, esse cara, o Lula, ele faz sindicato porque gosta. Então, como ele gosta, ele faz um sindicato voltado para o trabalhador. Mas na maioria das vezes, toda essa "cambada" que tá em cima aí, seja de direita ou de esquerda, todo mundo só procura defender interesses próprios."

Um operário semiqualificado de F.2, eleitor de Santos, tentou deixar uma boa impressão de si mesmo ao entrevistador, expressando opiniões acerca da liderança do sindicato, as quais duvidamos que realmente acreditasse. Esse operário era avaliado pelos membros da OSM como um autêntico "pelego":

---

mas internos e enviou 400 desses líderes para o Front Royal Institute, na Virgínia, para programas avançados. Essa camada de burocratas sindicais forma o núcleo dos *pelegos* da estrutura sindical brasileira" (página 18). Também fomos informados que Santos participou de um desses grupos de burocratas sindicais, embora não se especificasse o programa de que participou.

> "Na minha opinião o sindicato deve se abrir mais para os trabalhadores. Se abrir num modo... num sentido assim de dialogar. Tem coisa que o sindicato reivindica em favor do trabalhador e o trabalhador não sabe. Fica alheio ao problema. Então, eu acho que isso não é certo. O sindicato tem o seguinte: se vai fazer uma assembléia comunica a todos os associados, para que, cada qual, dá a sua opinião. Afinal de contas, a opinião dos associados deve ser válida. Eu fiz parte das eleições de agora do sindicato, mas, pra que dizer, acho que tá na hora de "seu" Manoel dos Santos dar lugar a outro. Sabe por quê? Pra ver se esse que entra tem a mentalidade mais aberta que, afinal de contas, 15 anos não é 15 dias, meu irmão, Manoel tá lá há 15 anos..."

Um supervisor de F.2, com experiência em política estudantil e adepto da "yoga" e filosofia oriental, confessou sua desilusão:

> "Este é o meu problema: política. Eu me decepcionei muito. Eu fiz política universitária e me decepcionei muito. Talvez seja até uma omissão minha no tal sindicato. Mas a política massifica muito... sei lá. A maneira como é feita a política é que massifica por exemplo... Talvez seja isto, mas eu não senti ainda a necessidade e eu gosto de fazer as coisas quando sinto a necessidade. Quando eu vejo motivo ou quando eu estou motivado. Outra coisa que eu estou fugindo atualmente, eu sei... em termos técnicos que a política é válida, que a politização é isso e aquilo, mas intimamente eu não me motivei pra coisa, então não vou fazer, percebe? Mas eu acho que política deveria conscientizar... conscientizar a pessoa do seu papel, respeitando a opinião individual. Eu acho que não respeita..."

Resumindo esta parte, cabe primeiro notar o alto nível de desconhecimento ou apatia por parte dos operários de ambas as fábricas, com relação ao desempenho dos sindicatos em geral. Tivemos mais de 42% dessas respostas em F.1 e mais de 1/3 em F.2. Segundo, quase 1/5 dos operários em F.1 e mais de 1/4 em F.2 mostraram elementos de envolvimento de uma consciência tão-somente obreirista. Isso era particularmente verdadeiro entre os operários qualificados de ambas as fábricas. Terceiro, encontramos uma baixa freqüência de respostas reveladoras de expectativas radicais. Contudo, em F.2, onde a OSM tinha um grande número de membros e simpatizantes, especialmente entre os operários qualificados, a freqüência desse tipo de resposta foi notadamente mais alta. Em F.1, por outro lado, um papel conciliador para os sindicatos foi freqüentemente encontrado, especialmente entre os capatazes. Finalmente, um número de entrevistados em ambas as fábricas foram evasivos em suas respostas, revelando um alto grau de ambigüidade e ceticismo.

7. Conclusões

A análise apresentada não mostra qualquer resultado inesperado, sob o ponto de vista do desempenho e das ações dos sindicatos do tipo "pelego" e "assistencialista", documentados em numerosos estudos acerca do desenvolvimento do sindicalismo no Brasil. Os dados fornecem ampla evidência do tipo de reações que a OSM tinha que enfrentar naquela época. O seguinte excerto deverá completar esse argumento mais efetivamente:

"Acho que o sindicato é como uma empresa que zela pelo bem dos trabalhadores " (operário qualificado de F.1).

Numa época em que os colegas de São Paulo estavam discutindo a estratégia para acabar com o "atrelamento" e iniciar negociações coletivas, e lutavam para criar o PT e a CUT, os metalúrgicos baianos demonstraram preferência por um papel "obreirista" ou "assistencialista" para o seu sindicato. Isso era verdadeiro, pelo menos, para a minoria que estava apenas se tornando consciente de uma instituição à qual pertenciam ou por cujo desenvolvimento teriam que se tornar interessados. Ademais, do ponto de vista da OSM, seu trabalho com as bases metalúrgicas tinha que levar em consideração a atitude generalizada dos operários que achavam que os sindicatos eram organizados ou existiam *para* eles. Isso pode ser facilmente notado nos discursos, com exceção de alguns poucos membros da OSM. Poucos operários reconheciam o fato de que *eles eram* o sindicato e que apenas *eles* podiam modificar o papel desastroso que seu sindicato tinha desempenhado nos últimos 15 anos. Os líderes sindicais ainda eram considerados "outros" e os operários não se sentiam responsáveis, geralmente, para substituir o *eles* por *nós*. Parece que aqueles poucos meses de liberação das atividades sindicais não tinham ainda sido suficientes para permitir-lhes a superação dessa ambivalência, embora os colegas de São Paulo estivessem fornecendo um exemplo contrastante.

Capítulo VIII
OS OPERÁRIOS E AS GREVES

1. Introdução

O propósito deste capítulo é apresentar resultados da nossa investigação acerca das atitudes operárias quanto à disponibilidade em participar de ações coletivas. Assim, visamos a adicionar uma outra moldura ao quadro composto da ideologia dos metalúrgicos.

Tendo em vista a própria falta de experiência dos metalúrgicos em ações grevistas, decidimos abordar essa questão por outros meios. Solicitamos suas opiniões acerca da greve de 1979 dos metalúrgicos na área do ABC de São Paulo. A greve tinha sido muito divulgada pelos jornais e cadeias de TV e gerou intensa discussão na sociedade, organizando-se campanhas de solidariedade aos metalúrgicos do ABC em todo país.

A afirmação que fundamenta este aspecto da nossa análise é que a ação grevista constitui uma "escola" na qual a consciência de classe se desenvolve, e a resistência à dominação ideológica pelos proprietários e gerentes é fortalecida.

2. Apoio Operário à Greve de 1979 no ABC

Quando perguntávamos se estavam informados acerca do "movimento" no ABC (como a série de greves na área era chamada, em 1978, 1979 e 1980) mais de 90% dos operários incluídos na amostra em F.1 e mais de 96% em F.2 responderam positivamente, o que é indicativo do alto grau de interesse movido pela greve. Entre os operários qualificados, sobretudo, a percentagem era de 100% em ambas as fábricas.[1]

Uma análise das opiniões dos operários nas entrevistas estruturadas indica o seguinte:

1. Mais de 40% dos operários, em ambas as fábricas, não apenas sabiam acerca da greve, mas também estavam totalmente a favor da ação. Além

1. Não deve ser esquecido que em F.1 as entrevistas foram efetuadas durante e imediatamente após a greve (março/abril de 1979); enquanto que em F.2 elas foram realizadas seis meses depois.

disso, mais de 1/5 dos operários de F.2 disseram que estavam parcialmente a favor da greve.

2. Enquanto em F.1, 1/5 dos operários eram totalmente ou parcialmente contra a greve, em F.2 menos de 10% tinham opiniões similares.
3. Houve uma alta incidência de respostas radicalizadas (totalmente a favor ou totalmente contra a greve) em F.1 (aproximadamente 45% e 15%, respectivamente).
4. Uma freqüência mais elevada de respostas a favor em F.2, na qual 41,2% dos operários eram totalmente a favor e 21,5% parcialmente a favor.
5. As tendências acima não apresentam variações significativas entre níveis de qualificação, exceto para aqueles 27% de operários qualificados de F.1 que eram totalmente contra a greve.

Um exame detalhado dos discursos operários sobre esse assunto em ambas as fábricas revela um alto grau de orientação puramente sindicalista ou "obrerista". Em outras palavras, as reivindicações dos operários do ABC por aumento salarial foram freqüentemente citadas como principal argumento para seu apoio às greves. Os comentários seguintes de um operário semiqualificado que tinha trabalhado nas fornalhas de F.1, nos últimos três anos, ilustra essa afirmação:

"Porque eles sentiam que não estavam ganhando de acordo, se uniram e venceram."

Em F.2, a maioria daqueles operários que se posicionavam totalmente a favor das greves também mostrou uma disposição clara de usar as reivindicações salariais para justificar suas escolhas:

"Eu sou a favor pelo seguinte: porque eu acho, você faz parte de uma classe e está sentindo prejudicada, pelo menos financeiramente você deve fazer mais reivindicações pacificamente e no caso de São Paulo estão enfrentando isso..." (operário qualificado).

O apoio dos operários à greve também aparecia como resultado do conhecimento e interesse a respeito dos efeitos da inflação sobre seus salários. Comentários significativos sobre esse tópico vieram de dois "peões", um de F.1 e outro de F.2:

"Tudo hoje está subindo: os funcionários têm que reclamar..."

"O custo de vida tá subindo muito e o salário tá ficando parado."

Além disso, como revelou o comentário franco de um operário qualificado, a ação grevista era defensável tendo como base que seu desencadeamento resultou na erosão de parcela de poder dos patrões:

"Foi válido. Tirou a coisa que os patrões tinham: o mandato dos patrões de controlar os salários do pessoal."

Em outras ocasiões, a questão permitiu a revelação de outras insatisfações relacionadas a assuntos tais como política de promoção das companhias e escalas salariais:

"Se o nego faz greve por aumento de salário, eu sou a favor, porque tão matracando demais. Muitas vezes o sujeito faz um tudo e a empresa não reconhece."

"Todos nós temos direito. O engenheiro não ganha 50 mil, 100 mil? Todos temos que reclamar..."

Os comentários acima são provenientes de dois operários semiqualificados que tinham trabalhado na "Divisão de Refusão" de F.1 por dois e cinco anos, respectivamente, e mostraram um entendimento crítico da ausência de oportunidades para melhorias financeiras ou profissionais.

O apoio que os operários de F.1 demonstraram pela greve era também engendrado pelo argumento de que aquela greve em particular (e greves em geral) tinha trazido resultados dos quais eles também se beneficiaram:

"Porque o que eles faziam agradou nós aqui na Bahia. Nosso salário também aumentou mais um pouco."

Esse "peão" atribuía o sucesso da greve a um aumento salarial inesperado, causado por mudanças na política salarial na fábrica. Essa interpretação não deve ser totalmente rejeitada, contudo. Existiram instâncias anteriores nas quais aumentos pouco acima daqueles aprovados pelo governo foram mantidos pela firma. De fato, como já mencionamos, eram atrativos oferecidos pela fábrica para atrair e recrutar operários não-qualificados das pequenas cidades e fazendas circunvizinhas.

A disposição para ações coletivas também parecia estar relacionada ao fato de que consideravam ações grevistas pacíficas, um direito inalienável dos operários para alcançar suas reivindicações:

"Achei muito certa. O operário trabalha e acha que tem direito a certas reivindiações? Então vamos lutar pela causa... Mas não sou comunista, viu?"

Esse operário qualificado de F.1, além de não ser sindicalizado, percebia que os sindicatos desempenhavam um papel que visava apenas alcançar objetivos econômicos.

Alguns "peões" pareciam estar bastante confusos acerca dos objetivos da greve. Esses geralmente diziam que estavam a favor das greves porque:

"Achei que é correto. Deve-se lutar pra fazer uma coisa melhor pra gente, melhor salário. Até o governo... Tanto ele acha que é justo que liberou a greve, dando um contato direto de funcionário a patrão; senão a guerra seria patrão e governo."

Outros encontraram justificativas para a greve de São Paulo em virtude de aquela área possuir um número mais elevado de operários politizados. Esse argumento estava associado a lembranças das fases de repressão política, aguda, do movimento sindical na área de Salvador:

"Acho que lá em São Paulo a maioria é MDB e assim eles têm condições de lutar com mais vantagens. Aqui na Bahia, isso é esparro. Eles não dão asa do lado dos fracos. Etiene[2] baixa o pau nos fracos. Em São Paulo tudo é melhor. O salário lá é dois mil e tanto, e aqui na Bahia é só Cr$ 1.600. Acho que isto, de certa forma, é justo porque aqui na hora de votar os trabalhadores votam tudo na Arema."

Esse operário semiqualificado de F.1, de forma inesperada, associava política parlamentar à existência de um poder de barganha mais elevado.

A oportunidade da entrevista também foi usada para enfatizar, como no discurso de um torneiro de F.2, a necessidade de organização sindical, a qual mesmo os seus colegas paulistas haviam alcançado apenas parcialmente:

"Olha eu ainda não tenho opinião formada sobre esses movimentos... eu tou, sei lá, tou assim... Eu sou a favor. Eu sou a favor porque a "classe" tá se organizando, né? Se organizando a partir das lutas aí. Esses aumentos pode... Quando eles resolvem fazer greve é pena que eles não vêm se organizando antes, mas tá se organizando a partir da luta aí. Essa greve aí em São Paulo, essa parada que deram aí, tal... Mas eu ainda não tenho opinião formada ainda; do que é que eu acho realmente da coisa, mas eu sou a favor."

Algumas respostas de operários de F.2 refletiam o desejo de ação coletiva semelhante realizar-se em Salvador:

"Fizeram greve por dinheiro... As firmas não queriam pagar, a mesma coisa podia ocorrer aqui em Salvador."

"Nós metalúrgicos estamos liderados agora... Não é mais a Petrobrás[3]. Nós devíamos merecer mais que o governo dá aos assalariados. Eu acho que eles colegas paulistas estão certos..."

2. Nome de um policial baiano conhecido pela sua brutalidade.

3. Referência é feita ao intenso ativismo sindical dos trabalhadores da Petrobrás no início da década de 50.

"Já era pra ter ocorrido há muito tempo. Serviu de alerta para as indústrias, pra valorização dos metalúrgicos."

O apoio às greves do ABC também foi justificada tendo por base o argumento de que o diálogo não resultaria no atendimento a todas as reivindicações dos grevistas. Nesse caso, a visão do egoísmo, inerente à natureza humana, era razão suficiente para justificar a pressão exercida pela ação grevista, como explicitada por uma supervisor indignado de F.2:

"Olha, eu te digo uma coisa rapaz. Cada dia que a gente vai vivendo, vai vendo mais as coisas... quando eu era garoto há algum tempo atrás, eu achava ridículo essas greves. Achava que era baderna, que era absurdo, entendeu? Mas uma coisa eu acho... o seguinte: o homem podia ser.. diálogo, ele pode conseguir muita coisa. Mas o homem tem uma coisa dentro dele que é ser político. Todo mundo só puxa brasa pra sua sardinha. Infelizmente é assim: ninguém é capaz de ceder algo em troca de nada. Porque curioso é o seguinte: todo mundo é negociante quando se trata de seu interesse. 'Nego' só negocia pro seu lado. Então, eu achava que todos os direitos do trabalhador e uma série daquilo que eu falei aí poderia ser conseguido com diálogo, com conversa, com entendimento, com bom senso. Porque não sei porque as pessoas precisam de tanto dinheiro pra viver, enquanto que tem pessoa que tá precisando. Então que já vi que isso é possível dentro do homem. É só ele querer evoluir pra chegar isso. Mas, infelizmente, não consegue nada. É raro, sem exceção, aquilo que você consegue que não seja através de pressão. Então, a greve é com pressão. Porque, infelizmente, o homem não entende que ele tem que ceder."

A ineficácia ou inércia dos operários baianos foi também contrastada com a disposição dos seus colegas "paulistas" para a ação grevista:

"Não, não sou contra não, sou a favor. Acho que são pessoal que não são comodista, reconhecerem os esforços deles, acham que merecem mais do que ganham, certo? Então são os pessoal que não se acomodaram. Baiano é um pessoal muito comodista, mesmo, acho que tem medo de gritar, não sei, não sei qual é não..."

Ainda o mesmo tipo de argumento era veiculado através da crítica aos membros da OSM que pareciam estar fazendo "muita conversa e pouca ação". Essa consideração foi elaborada por um operário qualificado de F.2 que explicitou sua desilusão quanto à possibilidade de ação coletiva pelos seus colegas baianos:

"A minha posição no caso desses, eu não estou bem a par, mas eu sou a favor pela seguinte maneira: eu acho que o operário ele tem que brigar pelo que é direito dele. Então, se ele tá com o direito, ele tem que brigar... Mas agora aqui na Bahia não se dá pra fazer nada. Não sei porque todo mundo só faz falar. Falar, mas na hora mesmo de enfrentar a zorra, ninguém enfrenta... O problema é esse e fica sempre nessa monotonia, nesse negócio a fazer, acontecer. É se falar isso, aquilo, não conseguem arranjar uma turma pra ir conversar com o Presidente e dizer a ele: nós estamos querendo isso. Vamos lá na indústria falar. Quer dizer, aí já fazia um relatório disso, daquilo, não sei mais o que, artigo tal e depois distribuir aquele papel. Eu tenho pra mim que isso não tem nenhuma validade, distribuir aquele papel aí... cada um vai dizer uma coisa, é 'que nada, isso não presta', isso e aquilo..."

Em geral, o que poderia ser dito acerca daqueles poucos em F.1, que estavam parcialmente a favor das greves, é que sua posição estava claramente relacionada à aceitação da ortodoxia das relações industriais ou, melhor, no seu receio de quebrar a "paz industrial". Esse posicionamento foi explicado por um encarregado da "Divisão de Refusão" que tinha sido recentemente promovido àquela função, após sete anos de fiéis serviços prestados à firma:

"A posição do sindicato do ABC? Acho que ele agiu certo. A greve em si não concordo com ela. Sou mais a favor do entendimento em esforço pelas duas partes, que resolva o problema sem ter porrada."

Também, em F.2, independentemente do nível de qualificação, também surgiu a crença na ortodoxia das relações industriais:

"Olha, esse (movimento) de agora eu não acompanhei. Mas o passado, de Lula, eu tive a oportunidade de acompanhar. Realmente, eles pediam demais. Eu acho que os patrões chegaram a um ponto que eu no lugar deles aceitaria. Mas eles foram muito intransigentes... realmente, prejudicou muitas famílias. E eu não sei nem o desfecho que teve, se eles realmente aceitaram. Até hoje não procurei me *integrar...*"

Alguns "peões" em F.2 também expressaram uma visão similar mas, aqui, motivada pelo medo de uma paralisação prolongada:

"Para mim foi bom porque aumentou o salário, mas foi ruim porque ficou parado uns dias. Prejudicou com a empresa..."

Alguns operários qualificados de F.1 também expressaram reservas acerca da eficácia da ação grevista e pareciam ter sido persuadidos, pelo menos parcialmente, a apoiar os operários do ABC por causa da pressão inflacionária e pelo fato de que não tinha havido violência durante a greve:

"A greve de São Paulo é um troço que não deveria haver, mas se há greve é que a coisa não dá mais. Se o cara ganha x e tem que pagar 2 x, é de se desesperar. Se o cara deve a açougue, deve ali, outro lugar, não tem jeito..."

Aqueles operários de F.2 (21,5%) que eram parcialmente a favor da greve sustentavam suas posições apontando para razões diversas tais como: a necessidade de maturidade na organização de greves, a ausência de participação de operários apáticos, e as conseqüências financeiras e políticas inerentes a ações grevistas:

> "Eu acho que a greve é sempre uma apelação última e na situação social que a gente se encontra, ela é o único recurso para que a gente seja ouvido. Porque é muito fácil dizer 'dialogue, vamos parar pra conversar e tal', mas acho que se duas partes querem chegar a um ponto comum, a gente tem que ceder lado pra lado, apesar de que, dialogar com os patrões, com o governo, é uma coisa difícil... porque tão no poder e quando a gente tá no poder, não sente a necessidade, o caminho de quem não tem o nível de vida alto e sofre a pressão do custo de vida alto, da inflação. É a coisa que mais pressiona. A greve é o último recurso. Às vezes, eu acho que quando o movimento começou lá em São Paulo, com o Lula e tal, a coisa foi bem conduzida. Mas depois houve aqueles problemas de morte de operário, agressões. Acho que isso reflete um problema numa situação popular que você... É o último recurso que se visa porque não se tem mais jeito."
>
> "Greve só é justa quando é bem estruturada, caso contrário é baderna."
>
> "Tem gente que faz greve para ficar parado em casa, não sabe o porquê da greve, faz sem saber o que está acontecendo."
>
> "Sou contra a paralisação durante muito tempo pois prejudica os menos favorecidos. A parte afetada são os 'ajudantes'. Os outros sempre têm uma reserva."
>
> "O metalúrgico em si é o mais prejudicado. Ele bota o país pra andar... Com restrição, porque um país que tem muita greve, daí a pouco estoura a revolução, guerra..."

Um operário semiqualificado, em F.2, utilizou-se da questão para expressar sua queixa contra a ineficiência do SMS. Esse é exemplo claro daqueles que se baseavam na existência de corrupção para justificar a sua própria apatia:

> "Se o sindicato visse os nossos direitos, não acontecia nada disso. O empregador chega lá, molha a mão de um, molha a mão de outro, eles ganham deles e não se esforçam..."

O medo de causar perdas à companhia e a possibilidade, resultante, de ser admitido também foram veiculadas por aqueles operários (quase 15%) de F.1, que afirmaram estarem totalmente contra a greve. Indicações da crença na negociação como melhor estratégia do que a ação grevista eram associados ao medo real de se ver envolvido em confusão, isto é, em outras palavras, as greves eram consideradas atividades fora da lei:

> "Não concordo pela agressão. O governo deveria proibir e o sindicato é quem deve negociar com a empresa."

> "Sou contra a greve. É muita perda de tempo. O funcionário fica mal visto. É preferível pedir demissão do que fazer greve."

Entre os operários que acreditam na ortodoxia das relações industriais, o tipo "Caxias" destacou-se na sua desaprovação da ação grevista:

> "Não aprovo a greve. Sou contra tudo que é agressivo. Tudo tem que ser resolvido pacificamente com a gerência. Tem que se esperar que o aumento chegue."

> "Sou contra todos os tipos de greve, balbúrdia. É necessário a garantia da autoridade e hierarquia pra que tudo funcione bem... Mas condeno o comportamento de quem tenta furar a greve. Sou contra, mas aceitou fazer, não tem de ninguém querer furar. Os colegas têm que ser respeitados."

> "Aqui a gente não tá pensando nisso, meu tempo é pra fazer a produção. Se eu estivesse lá faria tudo como a cúpula quisesse. Tenho filhos, responsabilidade e não posso me prejudicar."

Weber (edição de 1967) escrevendo sobre as funções desempenhadas pelo ascetismo religioso retrata o tipo "Caxias" muito bem. Weber afirma que o ascetismo religioso forneceu ao capitalismo "trabalhadores sóbrios, industriosos, conscienciosos e que se lançam costumeiramente no seu trabalho como uma vida proposta ou desejada por Deus" (página 177). O "Caxias" baiano tinha o hábito de perceber seu trabalho como sagrado, e também relacionar a aceitação de si mesmo, por familiares e colegas, à sua capacidade de responder aos sacrifícios e dificuldades impostas pelo seu trabalho. Braverman (1974) deve também ser consultado acerca do papel da gerência científica na criação desse tipo de "Caxias".

Entre os argumentos utilizados, acima, pelos operários de F.2 para rejeitar a ação coletiva, também pode-se notar o surgimento de racionalizações pelo tipo "Caxias", tais como a preocupação com a reputação e comprometimento pessoais com a companhia. Esses eram mais freqüentes entre os operários qualificados e semiqualificados. Essa posição foi tornada clara pelo depoimento de um operário qualificado, antigo, da "Divisão de Redução":

> "A empresa não se deu bem com aquilo. Não gostei. Acho que parar as indústrias é uma *irresponsabilidade.* Não deveriam parar..."

O zeloso "Caxias" identificou ação grevista com irresponsabilidade. Essa atitude "Caxias" estava algumas vezes refletida na visão de que "greve só traz prejuízo" ou que "é uma *revolução* que agita a vida da cidade" (grifo nosso). O posicionamento "Caxias" também era baseado no respeito pela vida ordeira, acreditando firmemente, por exemplo, que as leis foram criadas para eles e que eles, portanto, não deveriam perturbar a "paz social":

"Acharia que deveriam ter uma maneira de reivindicar os direitos de salário e não criar aquele tumulto com um presidente novo que queria botar as coisas no lugar, criando uma guerra civil, perturbando o governo do presidente, eles deveriam esperar o tempo e encontrar outra maneira..." (soldador qualificado, com 7 anos de bons serviços).

"Não acho nenhum fundamento no negócio da greve. Possa ser que eu pensasse diferente 20 anos atrás. A greve vai bagunçar tudo, o cara deve ter mais jeito, vai implorar, jogar o problema em cima dos homens. Nenhum vai achar o meu apoio..." (semiqualificado).

Apenas um operário referiu-se a uma greve anterior mal-sucedida para justificar sua oposição à greve "paulista":

"Hoje em dia condeno este tipo de ação. Não adianta nada: se a gente não está satisfeito é melhor entrar num acordo ou pedir demissão. Participei da greve na Varig em 1963 e acho que não adiantou nada" (mecânico qualificado, que apresentou o único depoimento que declarava participação em atividade sindical na indústria).

Outro confessou seu medo da violência freqüentemente empregada contra grevistas:

"Não acho certo as greves porque todos saem prejudicados. Já vi uma mulher grávida ser espancada por um policial e o filho pulou fora " (não-qualificado).

Aqueles poucos operários de F.2, que expressaram total oposição às greves, não apresentaram qualquer explicação mais sofisticada. Por exemplo, justificavam sua posição apontando para as informações conflitantes geradas pela imprensa, como exemplificadas pelo discurso de um operário semiqualificado:

"É como eu lhe digo. Eu seria a favor da greve se eu visse o objetivo. Se esse objetivo fosse trazer vantagens ou colocasse as coisas para os dois lados, *operário* e *governo.* Agora a gente vê uma coisa, na mesma matéria, na mesma página e depois outra. Eu não participo. Não participo mesmo."

De outra maneira, a oposição à greve era justificada pela utilização de interpretações oficiais do ativismo sindical, existente durante a presidência de João Goulart. Essas interpretações enfatizavam apenas o "peleguismo" existente naquela época. Essa versão contrária a ações sindicais, radicais, foi elaborada por um tipo "Caxias" de operário qualificado, que também usou a entrevista para expressar sua preferência por um tipo popular e abstrato de consciência política:

"Estamos caindo no mesmo erro do tempo de Jango. Pra mim... porque o problema nosso, o problema do Brasil de hoje é o momento de falta de liderança consciente. Pra mim é necessário que a coisa se forme... uma certa consciência nacional, uma consciência mais profunda, uma consciência de base e nós não temos isso."

De outra maneira o zeloso "Caxias", conforme revelado nas entrevistas exploratórias, era coerente com a necessidade de mostrar que já haviam "vestido a camisa da empresa", como era freqüente entre os supervisores:

"Bom... até certo ponto eu não acho muito válido. Quanto mais tem greve mais a situação do país piora. Eu acharia, na minha opinião, que deveria haver mais uma finalidade maior dos dirigentes dos sindicatos, que resolvessem os aumentos mais diretamente sem que precisasse parar as empresas. Que fizessem as reivindicações antes e trabalhando normalmente. É como eu faço com os funcionários que estão insatisfeitos. Eu converso com eles e digo: "Você está errado", "você deve agir assim e assim", "deve trabalhar corretamente no seu serviço". Mostrar o que você é para reivindicar. Eu sou contra a greve. Ele deve reivindicar salário, mas ele deve manter a reivindicação.. é trabalhando normalmente, corretamente, para ele fazer jus ao que ele está reivindicando."

Também em F.2, a inclinação operária contra a ação grevista repetia-se, mais freqüentemente, na crença da possibilidade de acordo através do diálogo e na manutenção da paz social:

"Bom, rapaz... No momento é uma pergunta que eu fico meio duvidoso da seguinte maneira... Acho que cada um tem que lutar pra conseguir melhor desempenho financeiro. Mas acho que se comunicando, conversando, era muito melhor do que problema de greve, como se vem fazendo aí..."

3. Participação Hipotética dos Operários da Greve do ABC em 1979

Continuando na tentativa de definir a disposição operária, no sentido da ação sindical na indústria, incluímos uma pergunta hipotética sobre a participação nas greves de São Paulo, no caso em que estivessem trabalhando lá.

Uma análise dos dados das entrevistas estruturadas demonstra o seguinte:

1. Em ambas as fábricas, aproximadamente a metade dos operários respondeu que teriam participado da greve.

2. Houve uma maior percentagem (31,4%) de respostas negativas em F.2 do que em F.1 (25,7%). Isto é consistente com a maior freqüência de respostas "parcialmente a favor" dadas à questão anterior nesta fábrica.

Isto pode ser melhor explicado por duas razões: primeiro, e novamente, o fato de que as entrevistas em F.1 foram realizadas durante e imediatamente após a greve, possivelmente gerando, no calor do momento, menos respostas negativas do que de outra maneira se poderia esperar. Segundo, isso era compensado por um maior número de respostas do tipo "outras" em F.1 (14,9% contra 9,8% em F.2) onde a ocorrência de respostas "talvez" (7,9% contra 5,9%) era também mais alta.

Um alto grau de solidariedade, por obrigação moral ou curiosidade, era evidente entre aqueles que disseram que participariam das greves. Ocasionalmente, como resultado desse sentimento de companheirismo, poderia perceber-se o início de uma consciência de classe:

> "Ficava com a maioria. Apoiava os colegas " (operário qualificado de F.1).
>
> "Afinal de contas sou metalúrgico. Também faço parte da categoria " (operário qualificado de F.2).
>
> "Eu acho que participaria pelo seguinte: porque como tá o movimento quase em geral acho que eu não iria por razões nenhuma, não iria me omitir. Estaria, no caso, traindo uma "classe". Você sente que há o manifesto do pessoal é quase geral. Praticamente geral " (operário qualificado de F.2 que apóia a OSM)".
>
> "Participava, se fosse pra o meu bem-estar e de meus companheiros. Tenho acompanhado as greves... as dos 'taxeiros', a da construção civil em Minas... Acompanhei bem a de Minas... Eu tava trabalhando na Cardeal da Silva, quando eu vinha e vi um grupo de pessoas sentadas na frente do Teatro Castro Alves. Aí eu via a UNE... Abaixo a ditadura, tal, aí eu me encostei também. Falando de política... Aí cheguei, me sentei. Por sinal tava com problema no alto-falante. Eu fui lá e ajeitei a instalação toda. Depois um camarada começou a falar. Abaixo a ditadura, mais arroz e mais feijão, esse negócio todo... Quando a gente ia lá na Piedade chegou um choque de polícia e cercou. Mas mesmo assim, a gente foi pelo Campo Grande, descia pelo Hotel da Bahia, 'retornaro'... Aí veio um choque com cachorro policial, bomba de gás, tudo. Soltou e a turma se espalhou, deixou a gente sem ação..." (eletricista de F.2, narrando sua participação em movimento de apoio aos grevistas de Minas Gerais).
>
> "Tranqüilo, sem o mínimo receio " (operário qualificado de F.2 que apóia a OSM).

Embora diferentes maneiras de dar respostas muito generalizadas ou evasivas fossem encontradas em outras categorias, aquelas listadas como "outras" são as mais alusivas. Alguns operários revelaram sua falta de informação ou experiência ao responder a essas questões prementes ou eram vagos acerca de como o seu comportamento pudesse ser. De qualquer forma, para responder essa questão era exigido um alto grau de revelação sobre um assunto particularmente sensível, o que se recusavam a fazer. Isso pode ser notado no freqüente uso de "se" e "depende". Essas expressões os ajudaram a fornecer apenas respostas plenas de rodeios:

"Olha eu não sei, viu? Não sei. Porque a gente diz uma coisa agora e amanhã se contradiz. Mas eu acredito que se realmente participaria ou não participaria. Uma opinião que eu tou tomando agora. Porque na realidade, o homem é um ser assim como uma radiola. Uma hora você bota, toca discoteca. Outra hora você bota, toca samba. O homem é condicionamento, se o cara tá preparado, condicionado, tanto ele abraça uma pessoa inteira, como ele mata da mesma maneira. Então, isso é o comportamento do homem. Não posso dizer que eu participaria ou que não deixo de participar. Sempre o ser humano, ele é contraditório e eu não sou por exceção..." (capataz de F.2).

"Dependeria dos colegas... se eles me convidassem..." (operário não-qualificado de F.1)

"Dependendo do que ia falar sobre os operários. Qual o problema porque parou..." (operário não-qualificado de F.1).

"Dependendo da minha situação, se eu estivesse ganhando pouco..." (operário semiqualificado de F.1).

"Se eu achasse que estava sendo afetado, eu participaria " (torneiro programático de F.2).

Esse tipo de ambigüidade, embora mais freqüente entre os operários semiqualificados de F.1, podia ser encontrado entre os operários de ambas as fábricas e entre os três níveis de qualificação.

Também na categoria "outras" havia operários que deram respostas afirmativas à questão, mas qualificariam-nas apresentando razões de relutância, tais como o medo de violência ou impopularidade:

"Teria que participar ou os colegas me matariam..." (operário semiqualificado de F.1).

"Se estivesse lá participaria. Caso contrário estaria morto " (operário semiqualificado de F.1).

"Não vou dizer que não nem sim, isto não ia depender de mim. Muitas vezes as pessoas são forçadas a participarem de uma coisa contra a vontade. Além do mais, detesto qualquer tipo de agitação, maldade..."

Algumas vezes, como o comentário acima, de um soldador qualificado de F.2, religioso convicto e "Caxias" zeloso, os operários justificavam seus temores associando a greve a um comportamento baderneiro ou proveniente de alguma fonte demoníaca que desejavam evitar. Isso é mais evidente ainda nas respostas daqueles que disseram que *não* participariam das greves:

"Deus me livre... Não estou a fim de confusão pra minha cabeça não " (peão de F.1).

"Sou contrário, sob pena de sofrer repressão muito séria " (operário qualificado de F.1).

"Não gosto deste negócio de greve não... Confusão, estas coisas..." (operário qualificado de F.2).

"Eu sou um homem tímido. Não gosto de confusão..." (peão de F.2).

Outros apresentavam temores irracionais para adotar uma posição escapista:

"Eu jamais participaria de uma greve. Só assim se determinaram a greve, eu não vou... Tá em greve, aí fico na minha. Não participo, nem vou tentar trabalhar. Se o negócio tá em greve, tá pegando fogo, eu fico em casa. Mas para eu ser líder e tá participando? Jamais " (peão de F.1).

"Nunca participei de greve e na hora ia pra casa. Vi muita coisa quebrada, dando prejuízo à empresa e não acho justo. Acima de tudo, sempre fui contra a greve" (operário paulista, qualificado, referindo-se a "operações-tartaruga" numa fábrica de São Paulo no meio da década de 50).

Carreirismo e outros interesses pessoais também foram oferecidos como razões para dar respostas negativas ou apresentar um ponto de vista não comprometido:

"Eu apóio, mas não participaria. Esse movimento grevista não faz parte da minha política profissional " (torneiro de F.2).

"Greves não são a melhor forma de reivindicar... Aqui não é necessário fazer greve. A firma reconhece qualificações e meu chefe é companheiro " (operário semiqualificado de F.2).

"Não, eu sou um cara que zelo muito pelo meu interesse. E assim, por exemplo, se o meu interesse é o vestibular, eu não quero me meter em mais nada " (supervisor programático de F.2).

Na categoria daqueles, de ambas as fábricas, que disseram "talvez" à questão, uma relutância geral em participar de ações grevistas era sobredeterminada pelas circunstâncias da greve:

"De certa forma, sim. É praticamente *forçado* o cara participar de uma greve " (operário qualificado de F.2).

"Em caso de ameaça por parte dos grevistas, podia queimar o serviço por um dia. Quando tudo acalmasse voltaria a trabalhar " ("Caxias" semiqualificado de F.1).

"Se no meio de 100, 99 não comparecessem eu tinha que ir no meio deles. Contra a minha vontade. O que é que eu ia fazer sozinho?" (peão de F.1).

"Eu ficaria em casa, observando. A favor, mas não iria pra lá (fazer piquete)..." (operário qualificado de F.1).

"Para participar tem que parar tudo. Agora, parar uns e outros... Ou tudo faz ou nenhum " (operário qualificado de F.2).

"Bom, é o seguinte: uma equipe que trabalha, vamos dizer 500 pessoas e 450 não foram e 50 fossem, eu ia..." (operário semiqualificado de F.2).

"Se na empresa que eu fosse trabalhar o número fosse grande, claro que vou... não vou na frente porque vou ser quase executado pela empresa pra dizer que fui apoiado..." (peão de F.2).

4. Conclusões

Operários de ambas as fábricas revelaram um alto grau de inclinação em apoiar a greve do ABC de 1979 e outras greves por aumentos salariais. Isso fornece mais evidência do desenvolvimento de sua consciência sindicalista.

Em F.1, o apoio operário à greve do ABC foi mais fraco do que em F.2. Isso poderia atribuir-se à mais alta consciência dos operários de F.2 quanto aos efeitos da inflação sobre seus salários. Embora mais fraco em F.1, esse conhecimento estava, não obstante, em contradição com o fetichismo empregado na avaliação de seus salários, conforme explicado no capítulo V.

Outros elementos concretos de conscência de classe foram revelados por alguns operários de F.1, nas razões que forneceram para seu apoio às greves de São Paulo. Primeiro, no orgulho demonstrado pelos esforços organizatórios dos colegas "paulistas", e, segundo, a verbalização, por alguns, de queixas previamente não reveladas contra as políticas de promoção e escalas salariais das duas firmas.

Em F.2, alguns membros da OSM conclamaram sua esperança de que ações grevistas similares acontecessem em Salvador, e usaram a entrevista para expressarem sua desconfiança no diálogo e se queixarem da inércia dos operários baianos em geral.

As respostas com relação à participação hipotética dos operários nas greves de São Paulo mostraram, também, a existência de um alto grau de solidaridade. Em ambas as fábricas, mais da metade dos operários incluídos na amostra disseram que delas teriam participado. Acima desse senso de companheirismo estava o sentimento ou obrigação moral de seguir a decisão da maioria. Não obstante, alguns operários preferiam apresentar o medo de colegas irados, ou ostracismo para justificar sua participação na greve.

Aqueles que não participariam da greve eram minoria em ambas as fábricas. Alguns desses revelaram a repetitiva prática "Caxias" de relacionar greve com alguma coisa demoníaca ou racionalizar seu conformismo através de temores irracionais.

Parece que as evidências sugerem que a "educação" através da ação grevista estava apenas começando para os operários. Seus motivos eram esmagadoramente econômicos ou, em outras palavras, mostravam claramente uma tendência no sentido do desenvolvimento de uma consciência sindicalista apenas. Os discursos operários também apresentavam uma grande dose de medo e submissão. Referindo-nos a Lenin (1898), isso era um exemplo claro da "vantagem da tradicional aceitação, e meios mais eficazes de disseminação" da ideologia dominante. Por conseguinte, o comprometimento dos operários às necessidades industriais locais eram assim alcançados.

Outro tipo particular e sugestivo de medo foi aquele em relação aos seus companheiros operários. A interpretação desse traço nos levou a relacioná-lo com a ineficácia do movimento sindical baiano para contrapor-se à competição entre os operários. Os resultados dessa inabilidade são a supremacia da ideologia dominante, entre eles próprios, e a conseqüente falta de coesão. Afinal, um dos papéis dessa ideologia é exatamente o de disseminar esse temor ou criar um ambiente de desconfiança no qual o medo dos colegas encontra terreno para se expandir.

Capítulo IX
OPERÁRIOS E POLÍTICA PARLAMENTAR

1. Introdução

Incluímos também em nossa investigação uma série de questões acerca das preferências eleitorais dos operários, nas eleições nacionais de 1978. Nossos dois principais objetivos eram, primeiro, testar a afirmação de que os trabalhadores urbanos baianos tinham, em sua maioria, votado no partido de oposição (MDB) e, segundo, elucidar alguns indicadores sobre o grau de politização dos operários através de uma análise qualitativa de suas tendências de voto. Além disso, em F.2, incluímos uma questão aberta acerca da criação do novo Partido dos Trabalhadores (PT) para perceber a receptividade dos operários em relação a iniciativas independentes em política parlamentar.

2. Operários e o Movimento Democrático Brasileiro – MDB

Antes de começar a análise dos dados obtidos, dois pontos devem ser colocados: primeiro, que o Estado da Bahia era considerado um Estado conservador, de acordo com os resultados das eleições gerais de 1978 e, também, das anteriores. Em 1978, o partido do governo (Arena) conseguiu eleger não apenas o Senador mas também ganhou 24 das 32 vagas na Câmara dos Deputados. Segundo, que em Salvador o candidato do MDB para Senador obteve mais de 100.000 votos de que seu concorrente da Arena.

Essa vitória teria sido mais significativa se a participação de Salvador, na população votante do Estado da Bahia, fosse maior do que 16% do total desta população. Além disso, foi essa concentração de votos oposicionistas em Salvador e nas maiores cidades do interior que aumentou a representação baiana do MDB no Congresso e na Assembléia Legislativa do Estado. Ficou também registrado que a votação do MDB, na maioria das cidades da região metropolitana de Salvador e Recôncavo, foi consideravelmente mais alta do que nas comunidades do interior onde o "coronelato" e o voto de "cabresto" eram a prática comum entre os partidários da Arena.

Também antes da análise dos dados, é necessário apresentar uma descrição das circunstâncias políticas nas quais as questões foram colocadas. Primeiro, estava o fato de que estávamos lidando com uma população que tinha atravessado 15 anos de governo autoritário. Nesse período, votou-se apenas em eleições para membros do Parlamento (Senado e Câmara dos Deputados). Assembléias estaduais e Câmara de Vereadores, sob sistema bipartidário imposto, e no estilo mexicano. O Presidente da República, governadores de Estado e prefeitos das capitais eram escolhidos indiretamente. Na Bahia, essas eleições limitadas nunca despertaram um nível de participação política que permitisse aos operários metalúrgicos desenvolver um alto grau de adesão partidária ou de coerência nas suas preferências eleitorais.

Além disso, o MDB da Bahia tinha uma estrutura política muito fraca e era notadamente inábil em promover uma plataforma política de oposição ao regime militar. Era dominado localmente pelos "adesistas" e dividido por cisões internas. Na realidade, os políticos do MDB com apoio popular eram, majoritariamente, do tipo "adesistas".

Os projetos políticos dos emedebistas não apresentavam rejeição insofismável ao regime militar. Essa inconsistência não contribuía para que se criasse uma identidade forte no MDB da Bahia, como um partido confiável de oposição. A única reação significativa a esse estado de coisas foi a eleição de Francisco Pinto, antigo prefeito de Feira de Santana, para a Câmara Federal. Pinto combinava uma posição radical ao nível político nacional, com práticas populistas, nos seus redutos baianos. Compreensivelmente, essa ambigüidade também não fomentava o desenvolvimento da "autenticidade" local do MDB.

Em 1974, essas condições demonstraram que, mesmo quando o MDB impôs uma grande derrota eleitoral à Arena, na maioria dos estados brasileiros, o candidato da Arena para o Senado foi eleito na Bahia por uma maioria esmagadora de votos. A Arena venceu também a eleição em Salvador, caso excepcional no país, em que votantes de uma região metropolitana brasileira preferiram apoiar o partido do governo.

Esse fato foi fortemente influenciado pela proeminência de Antônio Carlos Magalhães, esperto político local, que alcançou substancial apoio financeiro do governo federal quando apontado prefeito de Salvador (1966-1967), no curso do então chamado "milagre econômico" brasileiro. Após esse termo, Magalhães conseguiu ser eleito, indiretamente, duas vezes para governador do Estado da Bahia (1970-1974 e 1978-1982). Foi, portanto, figura influente na política baiana durante a constituição da "Grande Bahia", a nova Bahia de "Aratu", COPEC e uma modernizada RMS, cuja face mudou completamente, rasgada por novas rodovias, avenidas e viadutos.

Essa ostentação de progresso foi usada explicitamente para fomentar o apoio popular a Magalhães, que se tornou o novo "caudilho" da Bahia. Nesse sentido, Magalhães chegou a assumir o caráter messiânico da maioria dos líderes populistas da América Latina. Também conseguiu combinar o apoio popular, conseguindo através de histórias sobre seu sucesso administrativo, ao lado da manutenção e reforço dos "currais eleitorais" no interior da Bahia.

Um MDB enfraquecido pela ausência de autenticidade política e também pela falta de um setor trabalhista tornou-se o único canal de expressão de insatisfação ou não conformismo para com o regime militar. Parece evidente que o MDB estava em situação de desvantagem em sua tentativa de se organizar na Bahia. Além disso, a ala esquerda do MDB tinha uma existência instável, senão precária, por causa da ausência de apoio e, até certo ponto, pelo boicote dos membros "adesistas" do partido. Contudo, sua crescente militância nas eleições de 1978 foi decisiva para o fortalecimento do partido na Bahia e, especialmente, na RMS.

Resumindo, a vitória do MDB na eleição de Salvador, daquele ano, foi alcançada dentro de um contexto de "caudilhismo", "adesismo" e uma militância crescente pela sua "Ala Jovem".

De forma não surpreendente, as entrevistas estruturadas em ambas as fábricas confirmaram que a vasta maioria dos operários tinha votado no MDB. Uma análise mais aprofundada dos dados mostra maior percentagem (62,4% contra 55,8%) de votos para o MDB, em F.1, que em F.2. Os dados também indicam maior freqüência de votos para a Arena naquela fábrica (21,8% contra 19,6%). Essa votação, ligeiramente mais alta para ambos os partidos em F.1, pode ser atribuída à maior percentagem de operários em F.2 (cerca de 18% contra menos de 11%) que afirmaram não terem votado. Além disso, se eliminarmos os números das abstenções e as respostas "não se lembra", a percentagem de votos para o MDB é muito similar nas duas fábricas (aproximadamente 75%).

Os comentários dos operários acerca de suas preferências de votos trazem à luz as seguintes tendências e pontos de vista.

I – 1/5 dos operários em F.1 e 30% em F.2 votaram no partido de oposição sem se colocarem como partidários comprometidos com o MDB. Esses operários explicaram, em geral, que suas escolhas tinham sido feitas na entrada das urnas, com a ajuda dos militantes do MDB (*boca de urna*), como um "peão" da "Divisão de Redução" explicou:

> "Não escolhi partido. Me deram um cartãozinho e aí eu votei... estava com pressa que ia trabalhar."

Em ambas as fábricas, não havia muita diferença em relação ao papel do "paternalismo" e influência de lealdades familiares sobre as preferências eleitorais:

> "Tinha um cara que era meu conhecido e era candidato pelo MDB. Não me lembro do nome. Não podia falhar ao cara..." (operário semiqualificado de F.2).

A tabela seguinte sumariza as razões operárias para terem votado no MDB:

RAZÕES OPERÁRIAS PARA VOTAR NO MDB NAS ELEIÇÕES DE 1978

	Não qualificado				Semiqualificado				Qualificado				Total			
	F.1		F.2		F.1		F.2		F.1		F.2		F.1		F.2	
	Nº	%	Nº	%	Nº	%	Nº	%	Nº	%	Nº	%	Nº	%	Nº	%
TOTAL	12	100.0	4	100.0	25	100.0	2	100.0	26	100.0	24	100.0	63	100.0	30	100.0
Sem comprometimento	2	16.7	3	75.0	6	24.0	1	50.0	5	19.0	5	20.9	13	20.6	9	30.0
"Partido do Povo"	1	8.3	1	25.0	4	16.0	–	–	8	30.8	2	8.3	13	20.6	3	10.0
"Partido de Trabalhadores"	–	–	–	–	2	8.0	1	50.0	4	15.4	2	8.3	6	9.5	3	10.0
"Partido Democrático"	–	–	–	–	–	–	–	–	4	15.4	2	8.3	4	6.4	2	6.7
"Desgostoso com Arena"	1	8.3	–	–	3	12.0	–	–	2	7.7	2	8.3	6	9.5	2	6.7
"Para Mudar"	2	16.7	–	–	1	4.0	–	–	1	3.8	2	8.3	3	4.9	2	6.7
"Votei contra o Governo"	1	8.3	–	–	1	4.0	–	–	1	3.8	2	8.3	3	4.9	2	6.7
Outro[(a)]	1	8.3	–	–	7	28.0	–	–	–	–	4	16.7	8	12.7	4	13.3
N.R.	4	33.4	–	–	1	4.0	–	–	–	–	–	–	5	7.9	–	–

Fonte: Entrevistas Estruturadas.

(a) Inclui respostas vagas que não puderam ser classificadas de outra forma, tais como: "era o melhor..." ou "é o *meu* partido".

"No bairro que eu morava teve um rapaz que trabalhou muito nesse bairro e ele era MDB" (operário qualificado de F.1).

"Aí esse problema de eu votar no MDB não foi por uma questão de partido não. Questão de ter aproximação com algumas pessoas do MDB e meus amigos me pediram, então eu peguei, votei. Mas não foi questão de partido não, nem de MDB, nem de Arena, nada disso. Agora, pra mim sinceramente, votaria mesmo se for... eu sou a favor do MDB porque é o mais forte..." (operário qualificado de F.2).

II – 1/5 de operários em F.1 e 1/10 em F.2 disseram que tinham escolhido o MDB porque era o partido do povo, ou o partido dos fracos:

"Só voto no MDB. Já me acostumei. Vejo também falar no MDB... que ajuda os pobres." (operário qualificado de F.1).

Este sentimento populista também pareceu estar associado ao orgulho quanto ao crescimento do MDB em outros estados, como foi confirmado por um satisfeito "peão" da Divisão de Redução:

"Prefiro (MDB) porque é parte do fraco. "Eles" labuta, labuta e vence. Em São Paulo labutaram, labutaram e venceram."

"MDB é o partido do povo. Pessoas nossas com quem a gente pode conversar, inclusive teve um colega nosso que se candidatou. Mas tem infiltração de conturbadores da ordem " (operário qualificado de F.2).

Também se pode notar na afirmação acima, que havia pouca simpatia pela ala esquerda do MDB, vista como composta por agitadores, causadores de problemas.

III – Apenas 1/10 dos operários, incluídos na amostra de ambas as fábricas, referiram-se expressamente ao MDB como sendo o partido dos trabalhadores, isto é, o partido da classe trabalhadora, ou porque era o antigo PTB. Isso pode ser explicado pela presença de líderes sindicais e membros do antigo PTB entre os representantes e partidários do MDB:

"A corrente de meu pai é PTB. Ele é chefe do PTB lá no interior. Se voltar o partido trabalhista, estamos aí... Pelo pouco que leio, vejo que só está na Arena quem tem rabo de palha, quem deve alguma coisa. No MDB estão as pessoas que não devem nada a ninguém."

Conforme pode ser visto nesse comentário, de um operário qualificado de F.1, a lealdade familiar também tinha um papel importante na formação das opiniões políticas de alguns votantes no MDB.

IV – Um menor número de operários em ambas as fábricas, entre os que apoiavam o MDB em 1978, tinha apoiado o regime militar em seus primeiros anos. Estes acreditaram firmemente que a Arena tinha sido instrumental na construção da "Grande Bahia". Isso era particularmente verdadeiro para velhos operários qualificados e supervisores. Tinham, contudo, se desiludido com o passar dos anos. O desejo por mudanças também foi um tema freqüente:

"Eu tive o custo de vida em mente... A Arena está arruinando a gente."

"Acho que o MDB deveria ganhar pra ver se melhorava a situação. A Arena sempre ganhou e nunca melhorou."

"Eu votava pra Arena, mas me desgostei e mudei."

Em F.2, os operários também destacaram seu desapontamento com a Arena e afirmaram explicitamente, que tinham, na verdade, votado contra o governo:

> "Porque achava a Arena piorando cada vez mais. Não tem dinheiro que chegue e talvez o MDB melhore..." (operário não-qualificado).
>
> "Porque é a oposição do Governo. O MDB é diferente da Arena e eu só voto contra o Governo" (operário qualificado).
>
> "MDB é uma entidade muito combatida. Mais do que a Arena. Arena é mais de charlatões..." (operário qualificado e partidário da OSM).

Também deve ser notado que não havia diferenças marcantes de preferências nos diversos graus de qualificação dos operários, embora o MDB recebesse apoio, ligeiramente maior, entre os operários qualificados em ambas as fábricas. Os comentários acima poderiam ter vindo igualmente de operários não-qualificados, semiqualificados ou qualificados. Contudo, deve ser também notado que 28% dos operários semiqualificados, incluídos na amostra de F.1, na verdade, forneceram razões bastante evasivas ou ambíguas para o seu apoio ao MDB.

V – Muito poucos operários de ambas as fábricas disseram que tinham votado no MDB porque este era um partido mais democrático ("optei pelo Movimento Democrático Brasileiro") através da recordação das palavras do nome MDB ou, mesmo mais claramente:

> "A gente que é peão deve votar pra um partido que prometa democracia pra gente."

Esses, obviamente, tinham sido influenciados pela campanha nacional pelo retorno à democracia, liderada pelo MDB naquele ano. Além disso, outros operários qualificados afirmaram claramente que votaram especificamente contra o governo vigente:

"Votei contra o Governo. O cara tem que ir pra frente e não pra trás."

"Ruim por ruim é melhor ficar com o MDB mesmo; o que é que o Governo faz por mim? Nada. Então voto no MDB mesmo."

Outro operário semiqualificado preferiu confessar sua desilusão com os políticos, mesmo tendo votado na oposição:

"Pela ação de alguns candidatos do MDB, falando de algumas coisas que estão erradas, depois não fazem nada, mas já é uma força."

Finalmente, alguns operários qualificados de F.1, membros da OSM, referiam-se ao processo de democratização da política no país em seus comentários:

"Não tenho muito o que explicar não... Eu realmente não voto pra Arena... é governo..."

"Eu, pra que dizer? Não dou voto à Arena. É o partido do governo e realmente esse governo... quer dizer agora tá melhorzinho. Mas antes, não tinha nada do meu agrado. Agora tá melhorzinho... com essa tal de abertura."

"Porque a gente não vivia nem vive numa democracia. O MDB era uma oposição a esta ditadura atual."

"Eu me acho um democrata e como democrata acho certo é a democracia mesmo."

A., torneiro, membro da OSM e fundador do PT, na Bahia, referiu-se à ação governamental que aboliu o sistema bipartidário (MDB e Arena) em face do crescente apoio, em todo o país, pelo MDB. A. também criticou sua própria rejeição inicial ao MDB:

"O MDB não me convencia. Naquela época nenhum dos dois partidos me convencia, entendeu? Hoje, possa ser que eu tenha mudado a opinião em relação ao MDB, que na verdade tava ganhando terreno dentro do parlamento... devagar, ganhando terreno porque as oposições tavam centralizadas no MDB. Isso na época eu não sabia, se não eu fecharia com o MDB, entendeu? Mas atualmente, eu sei que o MDB tava tomando terreno, sei lá, e eliminaram o MDB justamente por isso. O Governo tava sentindo que tava perdendo terreno para o MDB e vamos eliminar esse daí, senão não dá..."

Tendo em vista essa consciência crescente, acerca da política brasileira, algumas vezes emergente nos discursos acima, queremos nos referir às afirmações anteriores de operários que indicavam uma ausência de comprometimento político em seu apoio ao MDB. Parece que isso poderia ser atribuído a dois fatores diferentes; primeiro, a ausência de identidade política do partido local e, segundo, a um possível alto grau de dissimulação em suas respostas. Alguns operários, durante as entrevistas não estruturadas, demonstraram receio de que seu alinhamento político com a oposição pudesse lhes ser prejudicial. A despeito de ações oficiais em contrário, a censura política e autocensura não tinham acabado. As entrevistas foram feitas apenas alguns meses após a abolição do AI-5 e a implementação do processo de "abertura". Conseqüentemente, é necessário enfatizar que essa questão, sobre preferência político-partidária, compreensivelmente, produziu um grande número de respostas evasivas em ambas as fábricas. Isso também pode ser atribuído, em parte, a uma insistente desilusão com a política e os políticos.

As entrevistas também mostraram uma forte tendência dos operários, da área de Salvador e, especialmente entre os partidários da OSM, em votarem no MDB como expressão de sua oposição ao regime militar, como os resultados das eleições de 1982 revelaram.

Outra implicação da preferência operária pelo MDB, do ponto de vista do PT, foi a freqüente associação do MDB com o antigo Partido Trabalhista Brasileiro (PTB). A cooptação de alguns antigos membros do PTB, pelo MDB, criou uma reputação, parcialmente imerecida, deste ser o partido dos trabalhadores. Isso deve ter contribuído para as dificuldades dos operários em identificar o potencial e identidade específica do PT.

Antes de analisar as opiniões dos operários acerca do PT, contudo, queremos adicionar algumas poucas informações sobre minoria de operários (aproximadamente 1/5 da amostra total) em ambas as fábricas, que votaram para Arena.

I – Entre esses operários, o grau de influência dos laços de amizade e apadrinhamento, no seu comportamento eleitoral, ficou mais evidente do que entre aqueles que votaram no MDB:

> "Votei na Arena porque sou amigo e gosto do prefeito de São Francisco do Conde que é um cara "porreta", de quem todo mundo gosta " (operário qualificado de F.1).
>
> "Votei pra Lomanto[1] porque a estrada de lá (vila de pescadores) quem fez foi ele. A gente tudo vota nele na época da eleição. Ele não sai de lá..." (antigo pescador, operário qualificado de F.1).
>
> "Porque me apresentaram, porque me procuraram. Amigos meus me falou. Eu achei que tinha potencialidades, então eu votei nele, como também podia ter votado no MDB. Essa turma aí do MDB é Arena. Eu vou te contar viu, é... porque aí tem condições de uma condição ser pouco melhor. Porque na verdade tudo é um jogo político, do trabalhador ou de alguém do povo pra votar melhor, embora que aqui ainda vote mais por interesse, por um prato de feijão. Ainda tem muita gente que vota por um prato de feijão, por algo em troca.

1. Antônio Lomanto Jr., antigo governador do Estado da Bahia (1962-1966).

Eu nunca votei por nada em troca e nunca vou votar. Prefiro conhecer meu voto " (supervisor, bastante ambíguo e cooptado).

Outro operário qualificado de F.2, adotou uma justificativa propalada pelos candidatos da Arena para sua continuação no poder:

"Político pra mim é tudo a mesma coisa. Medi os candidatos. Lomanto era melhor candidato que o outro. Havia a necessidade de uma unidade entre o Governo da Bahia e o Senado, para o bem da Bahia."

O desempenho do antigo governador do Estado foi também usado para explicar preferência eleitoral. Nesse caso, o próprio Estado da Bahia foi citado como o principal beneficiário:

"Não tenho preferência não. Em termos do que aquela pessoa fez em nosso estado. Então em termos de posição mais alta, poderá fazer também no Senado " (operário qualificado de F.2).

"O voto? Eu não ganho nada com o voto. Eu voto em qualquer um. Eu voto com o governo porque é voltado mais pra classe dos trabalhadores. De Geisel para cá as coisas tem melhorado muito " (operário qualificado de F.2).

II – Não foi surpresa saber que o tipo "Caxias" de operário preferia votar para o partido governante:

"Tenho que dar apoio ao mais forte. Não dou murro em faca de ponta. Sou Arena desde quando me entendo e não abro " (operário qualificado de F.1).

"Eu votei pra Arena porque a "Revolução" de 1964 foi válida. Até o momento da "Revolução"... Sem a Arena nós estaríamos perdido. O Presidente Figueiredo é jóia..." (operário semiqualificado de F.1).

Outro operário semiqualificado, do tipo "Caxias", foi mesmo mais direto, quando explicou sua situação de apadrinhamento e sua admiração pelos militares.

"Não sei, eu tenho... Cristóvão Ferreira[2]. Eu votei na Arena por ele, Cristóvão Ferreira, um rapaz que ajuda muito os pobres. Inclusive ele não foi reeleito, vê se... com o Cristóvão Ferreira é a intenção, é só ajudar os pobres. Certo que ele tem dinheiro, mas isso é problema dele. Todo mundo faz das suas por baixo. O João Alves[3] por ser um cara que fez muito por meu irmão. Deputado que deu bolsa de estudo a meu irmão, tudo isso. E já estava encaminhado pra votar deputado estadual e federal na Arena... É a primeira vez que eu votei. Acho que se o MDB

2. Antigo deputado da Arena, que costumava fornecer carro funerário ou pagava as despesas com funerais de seus partidários pobres.

3. Deputado Federal pelo PDS.

entrar vai ser a mesma coisa. E eu dou muito valor a um militar, por incrível que pareça. Eu tenho um irmão que é militar, o mais velho. Ele é oficial do exército, na reserva agora. Eu dou muito valor a um militar. Acho que é a pessoa indicada pra, pelo menos, tomar conta do país. Tomar no sentido, por exemplo, o presidente poderia ser um civil mas sempre assessorado por militares. Afinal de contas, as armas estão nas mãos deles. O que fala mais alto na minha opinião ainda é a arma. Ela tem o poder de matar e isso realmente faz com que o pessoal se aquiete mais perante os militares."

Resumindo, o voto pró-governo, da minoria, em ambas as fábricas, pode ser atribuído, principalmente, à tradição de apadrinhamento fomentada pelo partido do poder. Isso era particularmente verdadeiro entre os operários de F.1, que viviam nas pequenas cidades próximas à fábrica. Deve-se notar a marcante tendência em se identificar com a ideologia do opressor na política, especialmente no elogio às Forças Armadas.

3. Operários e a Criação do Partido dos Trabalhadores

A idéia de criar um novo partido dos trabalhadores, independente, que foi lançada em 1979, começou a aparecer nos discursos e entrevistas de Luiz Ignácio da Silva, no ano anterior. A citação seguinte, tirada da sua entrevista, de julho de 1978, publicada pelo *Latin American Bureau Special Brief on Brazil* (1982), explica por que ele estava contra a Frente Nacional para Redemocratização do MDB ("é ampla demais para o gosto dos operários"):

> "Seria utópico acreditar que uma frente deste tipo, iniciada pelas elites, pudesse respeitar os direitos dos trabalhadores de participar(...) ou os operários se posicionam de forma coerente com os princípios da classe trabalhadora, até o ponto de criar seu próprio partido, ou passaremos o resto de nossas vidas enclausurados na esteira dos eventos que acontecem."

Humphrey (1982) apresenta a idéia de criação do PT como: (I) resultado direto do sucesso das greves de 1978 e 1979, na área do ABC, e (II) como parte da estratégia dos operários brasileiros contra o "atrelamento":

> "...Depois das lutas de 1978 e 1979, os problemas de relevância direta para os *sócios* eram políticos. No fim de 1979 o sindicato de São Bernardo tentou com mais vigor as reformas políticas, e apresentou propostas para a formação de um Partido dos Trabalhadores, que representaria os interesses da classe operária" (página 190).

Foi nesse contexto de um MDB crescente e renovado em Salvador, após as eleições de 1978, que a idéia de criar o PT foi comunicada aos metalúrgicos em F.2. Durante o trabalho de campo, descobriu-se que alguns membros da OSM estavam envolvidos, junto com outros líderes sindicais, intelectuais e estudantes na criação dos "núcleos" desse partido em Salvador. Por conseguinte, decidimos perguntar aos operários de F.2 sobre suas opiniões acerca de PT. Esperava-se que suas respostas pudessem fornecer-nos um amplo espectro de tendências políticas. Por exemplo, era esperado que os operários expressassem sua opinião sobre temas de interesse nacional para o movimento operário e relacionados ao surgimento do PT, tais como o fim do "atrelamento" e sobre as divisões decorrentes que resultaram no enfraquecimento da frente de oposição. Além disso, era esperado que a questão avaliasse a receptividade operária a um partido de esquerda, sob o controle dos operários. O fato de que o PT foi lançado após as entrevistas, as quais já haviam sido concluídas em F.1, não nos permitiu incluir essa questão nas entrevistas, para os operários dessa fábrica. A tabela seguinte resume as opiniões dos operários de F.2 acerca do PT:

SINOPSE DAS OPINIÕES DOS OPERÁRIOS DE F.2 ACERCA DA CRIAÇÃO DO PARTIDO DOS TRABALHADORES – PT

	Não-qualificado		Semi-qualificado		Qualificado		Total	
	Nº	%	Nº	%	Nº	%	Nº	%
Nunca ouvi falar	4	44.4	–	–	13	34.3	17	33.3
Não responderam	4	44.4	1	25.0	7	18.4	12	23.6
Apenas ouvi falar	1	11.2	1	25.0	–	–	2	3.9
Sou a favor do PT (com alguma opinião elaborada)	–	–	2	50.0	10	26.3	12	23.6
Sou a favor do PT (sem opinião elaborada)	–	–	–	–	4	10.5	4	7.8
Sou contra o PT	–	–	–	–	4	10.5	4	7.8
TOTAL	9	100.0	4	100.0	38	100.0	51	100.0

A análise das respostas operárias aponta para o seguinte:

I – Havia um baixo nível de consciência acerca da campanha de que os seus colegas paulistas, líderes sindicais, intelectuais e estudantes estavam realizando. Na verdade, houve quase que 61% das respostas dizendo, primeiro, que eles não sabiam o que lhes estava sendo perguntado (23,6%) e segundo, que nunca tinham ouvido falar nisso (33,3%) ou, então, que eles tinham apenas ouvido falar do PT, mas não tinham opinião sobre ele (3,9%).

II – Outros 7,8% de respondentes eram totalmente contra a formação do PT. Nesses casos, o medo de greves, ceticismo acerca da política em geral, e, também, acerca da possibilidade de desenvolver um partido não baseado no clientelismo foram os principais argumentos usados para defender suas posições:

> "Isto vai criar muitas complicações, muita desavença. Lula é o líder dos metalúrgicos de São Paulo e dos trabalhadores do Brasil e ele criando este partido vai criar muita dor de cabeça pro governo pois o pessoal não pensa. Gosto de paz e sossego " (operário qualificado do tipo "Caxias").

> "Já ouvi e sou contra. Se for analisar bem o PT, seus componentes, no futuro serão os políticos profissionais. Não votaria nunca no PT. Votaria num PDS. Não o PDS do Governo. É o melhor pro povo. Acredito num Partido Social Democrático " (supervisor cooptado).

> "Já ouvi falar. Tá sendo criado aí. Creio que existe um pouco de demagogia por parte de Lula. Vi algumas entrevistas dele e não gostei. Existem outras maneiras das pessoas se projetar na vida " (operário qualificado do tipo "Caxias").

Esses operários revelaram ceticismo em suas expressões de desconfiança com os políticos profissionais ou mostravam sua preferência por um partido mais amplo. A visão geral era de que a política era um jogo sujo de líderes demagógicos que queriam apenas os votos do povo na época das eleições. Essa avaliação cínica também estava relacionada à afirmação dos operários de que os políticos estavam apenas interessados em satisfazer suas próprias reivindicações, ou, melhor, que eram bons apenas para distribuir os "benefícios" que controlavam aos seus correligionários. Também estenderam essa crítica ao PT, que estava sendo lançado como um novo partido, no qual a organização de base deveria ser seu principal esteio e no qual a liderança teria apenas um papel secundário e substituível:

> "Acho que os operários só querem prejudicar uns aos outros, principalmente na Bahia. Mas acho que no Sul é diferente. Não acredito num partido operário. O operário não tem condições de formar um partido porque sempre tem um burguês na cabeça..." (operário qualificado).

Ou como um operário semiqualificado "Caxias" cinicamente concluiu:

> "Acho pra mim, acabou esse negócio. O negócio é botar quem eles querem mesmo. E fazer o que eles querem. Não serve mais. Não é válido. Não tem o que fazer, você vai votar... e, como sabe, não olham pra ninguém."

III – Entre aqueles operários (quase 1/4 da amostra) que estavam a favor e formularam uma opinião sobre o PT, notamos, associações feitas entre o PT, sindicalismo sério e a existência de um programa político.

Nesse sentido, as organizações de base do PT (núcleos) eram a maior fonte de influência. Como resultado, as localidades em que a OSM estava sendo organizada (e F.2 era um exemplo destacado) foram identificadas como fornecendo apoio para o PT.

A despeito de perceberem esses fatos, porém, alguns operários ainda se mostravam ingênuos acerca de política:

"Muita gente tá confundindo o PT com política. O PT não é política, é o partido do trabalhador... Sou a favor mesmo. Tem que modificar isso. Tá a maior bagunça nesse Brasil, maior bagunça mesmo. Um sindicato faz uma coisa e outro faz o jogo do patrão. Agora mesmo foi... Se não fosse a oposição, ninguém sabia como foi discutido os salários, os reajustes do ano de 80 para a classe metalúrgica. Então, a oposição foi lá e deu em cima; eles 'colocaram' o panfleto " (operário qualificado, membro da OSM).

O alto nível de politização daqueles operários que eram membros ou apoiavam a OSM, comparados com outros operários que também apoiavam o PT, era bastante evidente:

"Minha opinião é que deve surgir o partido e crescer. Eu sou a favor do PT. O trabalhador também deve lançar seu candidato " (operário qualificado e partidário da OSM).

"Já ouvi falar. Se aparecer ele aí, eu voto nele. Se eles chegarem aí na frente, eu voto neles " (operário semiqualificado, não partidário da OSM).

Havia um toque de derrotismo, mesmo quando expressando o seu apoio ao PT:

"Acho válido. Mas acho que não vai resolver nada sobre o problema dos trabalhadores, devido à direção do país. Acho que deixou se levar muito, devia já ter criado isso; veio muito tarde..." (operário qualificado e partidário da OSM).

A liderança carismática de Lula foi repetidamente enfatizada, não sem algum mal entendimento de seus objetivos:

"Eu acredito muito em Lula. Se ele tá querendo fazer isso... é bom. Se ele não fizer igual aos outros que esquecem " (operário semiqualificado).

Parecia que, ao contrário da intenção de Lula, o PT estava se desenvolvendo com base em seu carisma. A percepção do PT, como partido de Lula, era particularmente verdadeira para operários qualificados, que não pertenciam à OSM:

"No 'teste' da opinião não tô bem inteirado a respeito disso não. Tô precisando me informar um pouco. Agora esse Lula aí, eu acho um cara autêntico. Na minha opinião, eu acho 100%, embora não seja escolarizado, mas tem todas as condições, todas as possibilidades de conseguir alguma coisa um dia. Tanto pra ele como pra nós."

"Se é pra trazer um bom resultado para os operários brasileiros, acho aí que é um negócio muito bom..."

"Acho que Lula no momento... tô vendo dizer até que ele é doido... No início, como eu vejo, certo que ele é indicado pra fazer aquilo, que ele já foi peão. Ele disse que já foi operário, também. Ele tá, ele sentiu o drama que vive os operários brasileiros."

Havia também a preocupação expressa acerca da base organizatória desse novo partido. A., um torneiro, membro da OSM e fundador do PT foi bastante claro sobre esse tópico:

"Opinião? Eu tenho escutado muitas opiniões em relação ao PT. Opiniões a favor, opiniões contra e a minha opinião é a favor, mas eu tenho algumas observações a fazer. Porque, em primeiro lugar... eu, eu não sei assim se realmente a lideraça do PT tá sendo a mesma liderança de base mesmo, entende? Porque eu tou vendo aí o movimento do PT, mas eu tou preocupado com uma coisa. Tão se movimentando aí com o PT, propagandeando o PT em tudo quanto é jornal, mas tão se esquecendo das bases, entendeu?... Eu também faço parte da comissão do PT, entende? E uma das sugestões minhas foi que lançasse o PT nos bairros, inclusive lá no bairro que eu moro o PT tá sendo lançado. Já foi lançado em dois sábados, entende? O pessoal com alto-falante, entrevistando donas-de-casa, o que é que acha do custo de vida. Eu acho que esse é que deve ser o trabalho, certo? Então estou realmente preocupado..."

A necessidade de criar o PT também foi apresentada como a solução para o que pensavam ser um bipartidarismo superado:

"Vejo a criação do PT como um negócio que deve ser criado a ferro, fogo, pancada, etc. Porque o PT poderá ser uma entidade que vai representar a classe trabalhadora. Desde quando ele seja um PT limitado em que não entre nenhum desses políticos que tem por aí, que na realidade são somente fascistas mascarados. PT deve ser criado como está na programação dele, por operário de carteira assinada. Então, isso é uma força pra todo trabalhador brasileiro " (operário qualificado).

Outro operário qualificado arescentou sua crença na competição democrática livre:

"É uma boa. Tem que surgir mais partidos. Em todas as coisas tem que existir três, quatro... um nem dois, não dá."

A qualidade e grau de consciência de menos de 1/4 dos operários, em F.2, que apoiavam o PT e sabiam por que se posicionavam assim, sugere que a idéia de um novo partido dos trabalhadores era bastante prematura, dado o estado de desenvolvimento do movimento operário na Bahia. A compreensão, apenas rudimentar, de que os operários de F.2 tinham das proposições políticas do PT constituíam-se a antecipação do destino do partido, nas eleições gerais em 1982 e, particularmente, na Bahia. Os fatos de a OSM ter tido uma forte organização de base, em F.2, e de a maioria dos membros da OSM haver apoiado o PT, tornaram adequado mostrar essa consciência incipiente.

Esta evidência, por outro lado, corrobora a nossa sugestão de que o PT era prematuro. Certamente, havia outros fatores e dificuldades que serviram para explicar aqueles resultados embaraçosos. Não obstante, podemos concluir, lembrando as dificuldades da OSM em organizar uma chapa para competir na eleição, para o SMS. Diante daquelas circunstâncias, a criação do PT constituía-se numa sobrecarga de esforços políticos para os membros da OSM.

4. Conclusões

Os dados confirmaram a tendência entre os eleitores da população pobre brasileira de adotar o "voto de desconfiança". Essa desconfiança generalizada no governo, entre os metalúrgicos baianos, tinha duas implicações ideológicas. Primeiro, a rejeição de candidatos impostos pelos militares mostra um grau de resistência e consciência política que não tinha ainda emergido. Esse uso deliberado de votos como um veículo para mostrar sua desconfiança, em nosso entendimento, identifica um novo e importante elemento da consciência de classe dos operários. A esse respeito, os discursos revelam, bastante, o conhecimento operário acerca da importância do MDB em manter os ideais democráticos vivos. Segundo, essa consciência contrastava com as disposições ideológicas de docilidade, no local de trabalho. Parecia que arranjos especiais eram realizados em suas consciências para racionalizar esse comportamento, aparentemente contraditório. Também parecia que tais atitudes, nas fábricas, faziam parte de uma estratégia de sobrevivência e que a própria ambigüidade do MDB reduzia o nível de contradição, o qual uma posição mais coerente poderia produzir.

O uso do clientelismo, pelos "adesistas" do MDB, não fortalecia sua capacidade enquanto força opositora ao regime militar. De qualquer forma, os operários eram bastante claros acerca da instrumentalidade de seus votos. Essa consistência, em nossa compreensão, denota uma consciência de classe mais incipiente, do que, por exemplo, aquela dos operários que preferiram dissimular ou deram respostas evasivas, para não deixar clara sua discordância com o regime autoritário.

A desconfiança e medo dos operários, que ficaram evidentes em suas respostas em relação à ação grevista, também reaparecem neste capítulo. Aqui, tomaram a forma de ceticismo com a política e os políticos. Isto, algumas vezes, aparecia misturado com a suspeita de que, no final das contas, suas dificuldades não tinham nada a ver com a política parlamentar.

Também descrevemos as dificuldades e circunstâncias políticas adversas, nas quais o MDB tinha que lutar e crescer. Tomando em consideração aquelas circunstâncias, sugerimos que um milagre estava realmente acontecendo: os metalúrgicos de Salvador, relativamente afluentes, não estavam em discordância com os menos afortunados, "exilados da opulência", em termos de uma resposta aos apelos por democracia. Bem poucos deles permaneciam na posição inicial daqueles muitos baianos que apoiaram a "Revolução Salvadora". Nesse sentido, apenas o tipo de operário "Caxias" destoou. Esses eram bastante claros ao demonstrarem sua admiração pelos militares e outras fontes de opressão.

Avançamos a sugestão de que, à luz do entendimento incipiente dos operários, a proposta para criação do PT, pelo setor de "vanguarda" da classe operária brasileira (isto é, os metalúrgicos da área do ABC de São Paulo), era prematura do ponto de vista dos metalúrgicos baianos. Santos (1980), enquanto advogava um Partido dos Trabalhadores que pudesse manter a frente democrática como uma coalisão de partidos políticos, foi muito claro a este respeito:

> "A concepção do PT é precisamente aquela de confinar o setor de vanguarda do operariado, em termos sindicais e econômicos, ao seu auto-reconhecimento enquanto grupo. Esse setor, em vez de considerar a grande distância social que existe no país, toma suas próprias condições de vida, sua própria situação particular como um setor de classe, como aqueles da classe como um todo."

A experiência histórica confirmou o que foi sugerido por Santos, demonstrando que o PT levou a mesma vanguarda a um isolamento do resto da classe trabalhadora, que preferiu votar na frente de oposição (agora sob o nome de PMDB).

Finalmente, também argumentaríamos que o PT foi levado pelos seus membros, não-operários, a um obreirismo espontaneísta e não pragmático politicamente.

Capítulo X
CONCLUSÕES

1. Introdução

Neste capítulo retornamos às seis questões substantivas colocadas no capítulo II e, assim, tentaremos completar o quadro compósito da ideologia dos metalúrgicos baianos proposto. Ao responder a essas questões visamos também destacar as principais diferenças entre as três principais categorias de operários estudados nesta dissertação: os "peões" não-qualificados de F.1, os operadores semiqualificados de F.1 e os operários qualificados das duas fábricas. Isto posto, apresentamos as principais conseqüências daquelas diferenças no desenvolvimento da consciência de classe dos operários. Finalmente, indicamos algumas hipóteses acerca do futuro desenvolvimento dessa consciência e algumas sugestões para pesquisas futuras.

Conforme afirmado no capítulo II, não visamos a produzir generalidades teóricas que possam explicar o desenvolvimento da consciência de classe na Bahia ou de predizer seu curso futuro. Naquela ocasião, também nos referimos a uma nota de pé de página, Bottomore (1971), com relação à escassez de estudos históricos, detalhados e necessários, sobre os fenômenos pertinentes à consciência de classe. A esse respeito, argüiríamos, também, que as lacunas existentes nas teorias sobre o desenvolvimento da consciência de classe são causadas, pelo menos até certo ponto, por sua falta de base empírica.

Assim, as afirmações de Reich, apresentadas no capítulo II, são de considerável interesse. Conforme indicado naquele capítulo, seu ensaio polêmico sobre a consciência de classe nos forneceu linhas básicas para a busca desses componentes ideológios e dos elementos de consciência de classe, tendo dados empíricos como base. Assim fazendo, Reich permitiu-nos evitar a imputação da consciência de classe aos metalúrgicos, tendo como referência, apenas, uma teoria histórico-filosófica. Portanto, nestas conclusões, teremos que nos apoiar em Reich para o referencial teórico, tendo em vista a ausência de outras teorias operacionais, empiricamente orientadas para o estudo da ideologia e da consciência de classe.

A abordagem de Reich é útil, em primeiro lugar, porque faz uso do Marxismo enquanto princípio básico, de acordo, com o qual, a consciência de classe pode ser explicada[1]. Em segundo lugar, porque permite o desvendamento das manifestações de consciência de classe, em sociedades capitalistas específicas, tendo por referência fenômenos da vida cotidiana. Em nosso caso, por exemplo, estávamos lidando com operários fabris e, por isto, foi possível estabelecer critérios para definir os elementos de consciência de classe relacionados à sua realidade no local de trabalho. Esses critérios, ao aparecerem em questões tratadas nos capítulos anteriores, ao mesmo tempo tornaram-se componentes de um tipo ideal de consciência de classe operária,[2] aplicável ao estudo de operários fabris, em outras sociedades capitalistas. Dizemos de um tipo ideal de consciência de classe operária porque permite aos operários atingirem uma visão crítica não apenas de suas condições de trabalho mas também da formação social capitalista como um todo. Mais ainda, esse tipo de abordagem crítica constitui a base sobre a qual eles mesmos podem agir politicamente e realizar seu papel enquanto sujeitos históricos, pela transcedência de uma consciência puramente conformista.

2. O Quadro Compósito

Quando descrevemos a posição dos operários no ciclo da vida, tornou-se evidente que o papel do *arrimo de família* exercia uma influência primordial sobre as suas disposições ideológicas, tomando procedência sobre outras orientações, inclusive sobre quaisquer outras formadas após a entrada nas fábricas. Essa inclinação agia, sobretudo, como um estigma, tornando os operários mais suscetíveis à submissão e ao conformismo em suas relações de trabalho nas fábricas.

Também mostramos que a maioria dos operários, não-qualificados, de F.1, eram nascidos e/ou estavam vivendo nas pequenas cidades da região circundante, onde outras fontes de emprego eram escassas. Tais horizontes sociais limitados, por seu turno, tornavam os operários mais suscetíveis a aceitarem e submeterem-se ao trabalho fabril regular. Igualmente, a busca de segurança, exercitada

1. Ao propor o estudo da consciência de classe, com base nesta concepção do Marxismo, Bottomore (1971) é direto: "O ponto de partida para esses estudos é uma proposição metodológica geral, diga-se que o Marxismo deve ser encarado primeiramente como uma teoria da sociedade, e não como ideologia. Sua função é explicar a consciência de classe e não expressá-la plenamente" (páginas 56 e 57).
2. Bottomore (op. cit.) explica: "O objetivo desta construção de um tipo-ideal e sua comparação com fenômenos reais da consciência social não é, como acontece em Lukács, afirmar a existência de uma lacuna entre a "consciência de classe psicológica" e a "consciência de classe correta" (isto é, o Marxismo) que deva ser completada pelos ideólogos, mas descrever e, tanto quanto possível, explicar as divergências entre o tipo ideal e a realidade; e se mostrar necessário, reconstruir o tipo ideal e a teoria nos quais estes são usados no sentido de chegar-se a uma melhor compreensão dos fenômenos" (página 57).

no desejo de possuir uma casa, tornavam aqueles que permaneciam nas pequenas cidades ainda mais dependentes de seus empregos fabris.

Outra disposição era a consideração dos operários sobre o desemprego, como uma parte "natural" de suas vidas. Isso contribuía, ainda mais, para a quase generalizada disposição dos operários não-qualificados em aceitarem o trabalho fabril, o qual estavam experenciando como seu primeiro passo firme na vida.

Essas disposições eram formadas dentro de dois sistemas diferentes de emprego, que foram descritos no capítulo V. Primeiro de tudo, enfatizamos como o controle social, exercido pela própria família dos operários, era fomentado dentro das fábricas, através dos métodos de recrutamento. Esse mesmo espírito familiar era reforçado através da formação do "espírito da família unida", intentada pelo DRI em F.1.

Ambas as fábricas usavam as perspectivas de segurança no emprego como um mecanismo repressivo de controle ideológico. Isso encorajava os operários não-qualificados a desenvolverem atitudes servis, a despeito das limitadas perspectivas de carreira. Ambas as estruturas de emprego também se baseavam nos salários relativamente altos nas fábricas, para criar uma atmosfera de afluência relativa, a qual se constituía num outro eficiente mecanismo de controle ideológico sobre os operários.

O capítulo V denunciou em que conjunção com o sentimento de "afluência relativa", muitos operários tinham desenvolvido formas fetichistas de avaliar seus salários, como também, eram bastante fatalistas quando expressavam sua satisfação ou insatisfação com os salários ou condições de trabalho.

Nesse clima de submissão e de conformismo foi difícil encontrar elementos concretos de conscência de classe. Não obstante, eles estavam presentes, especialmente entre os operários qualificados, que apresentaram vestígios de conhecimento sobre a expropriação de mais-valia. Esses também demonstraram conhecimento dos efeitos da inflação sobre seus salários e de suas oportunidades no mercado de trabalho. Contudo, era difícil verificar o ponto de transição de um discurso queixoso para um discurso reivindicativo, uma vez que a escolaridade da maioria dos não-qualificados e semiqualificados bloqueava suas percepções de outras alternativas. Comparações eram freqüentemente feitas com privações mais severas do passado.

Apenas uma pequena maioria dos "novos operários baianos" se destacou deste quadro. Esses eram os mais qualificados, que tinham sido treinados em escolas profissionais, e estavam cientes do seu resultante e mais elevado poder de barganha. Esse grupo de operários eram os mais simpatizantes da nova corrente sindical, a OSM.

Em geral, a insatisfação não levava ao desejo de iniciar ações coletivas. Ao contrário, o repetitivo sentimento de fatalismo era persistentemente racionalizado através de diferentes graus e tipos de autonegação.

Os operários semiqualificados, de F.1, eram os mais ambíguos e evasivos em suas respostas a respeito de seu trabalho. Expressavam sentimentos de autonegação, os quais levavam-nos a mais conformismo através da abnegação e recusa em reconhecer as suas dificuldades no mercado de trabalho. Entre estes, freqüentemente, encontramos um alto senso de gratidão, lealdade e obrigação, que pareciam levá-los à supressão de desejos individuais e coletivos.

No capítulo VI, situamo-nos fora da fábrica, à procura de outros elementos concretos de consciência de classe nas aspirações operárias, em relação ao mundo exterior. Naquele contexto, o grau relativamente alto de comprometimento no emprego e de satisfação, revelados no capítulo precedente, praticamente desapareceram. Uma carreira no trabalho fabril ainda não era uma meta muito desejada. O comprometimento no emprego e a submissão deveriam, portanto, ser atribuídos, principalmente, à ausência de outras alternativas no mercado de trabalho.

A aspiração de preservar a vida em família emergiu como uma meta primordial dos operários. Isso foi revelado na difundida aspiração de se tornarem proprietários de suas residências, encontrável em todos os níveis de qualificação. Por outro lado, essa preferência frustrava os operários do sentido de elaborar outros tipos de aspirações, ao tempo em que alimentava a dependência operária em relação a seus empregos fabris.

Não obstante, a avaliação realista das perspectivas limitadas de carreira sugere a presença de um elemento de consciência de classe. Esse realismo, contudo, conflitava com a ingenuidade operária de formulação de outras aspirações não alcançáveis (tais como maior escolaridade e trabalho por conta própria) como meios de evasão do trabalho fabril.

A avaliação desdenhosa do trabalho fabril não conflitava com o desejo de maior segurança na vida familiar e de se tornarem proprietários de imóvel, mas essas aspirações lhes requeriam contemplar apenas projetos individualistas; para suceder nesses, sacrifícios tremendos seriam necessários. Para a maioria de operários menos qualificados, a lógica da situação era que eles podiam, ao menos, pensar acerca de metas positivas e não nas desesperadas "estratégias de sobrevivência" utilizadas pelos excluídos da "opulência" baiana.

Conforme mostrado no capítulo VII, as respostas dos operários acerca do papel do sindicato e do sindicalismo em geral apresentaram um alto grau de ambigüidade e ceticismo. Isso resultava dos papéis assistencialista e conciliador do SMS, durante os 15 anos anteriores, quando foi apenas um acessório auxiliar do sistema local de relações industriais. Os operários qualificados, contudo, revelaram um alto grau de pragmatismo em relação às funções que o sindicato deveria desempenhar nas relações industriais. Com um mais elevado poder de barganha, esses operários mostravam uma clara disposição em desenvolver uma consciência do tipo "sindicalista" ou "obreirista".

Enquanto a influência do novo sindicalismo em desenvolvimento na área (através do SINDIQUÍMICA) e alhures no país (especialmente na área do ABC) estava começando a se fazer sentida, mesmo os operários qualificados tinham não mais que um conhecimento incipiente de outros tipos de sindicalismo. Isso demonstra as dificuldades enfrentadas pela latente vanguarda (estamos falando dos "novos operários baianos" e, particularmente, aqueles ativos na OSM). Suas expressões de consciência de classe eram refreadas por noções ideológicas desenvolvidas durante os anos de governo autoritário e da implementação dos projetos de industrialização na Bahia. Nesse sentido, o papel dos capatazes nas tentativas locais de harmonizar as relações entre capital e trabalho se destacou. Eles eram os mais articulados na expressão do receio de confrontação através do desenvolvimento de um sindicato independente.

No capítulo VIII notamos, com surpresa, que os operários demonstraram uma disposição relativamente alta no sentido da ação coletiva. As respostas acerca de seu apoio e participação hipotéticos à greve de São Paulo lhes deu a oportunidade de proferir queixas que não haviam aparecido previamente. Esse apoio estava novamente marcado pela ambigüidade causada, principalmente, pela ausência de orientação pelo SMS e pelas interpretações oficiais que tentavam relembrar aos operários a onda de ações grevistas no período populista, no sentido de solapar os esforços dos colegas paulistas. De outra maneira, a referência à corrupção para justificar apatia foi freqüente ou, em outros casos, o receio de colegas operava como mecanismo de explicação para a ambigüidade. No contexto de uma competição encorajada, foi surpreendente encontrar um alto grau de solidariedade. O sarcasmo que algumas vezes usavam, quando se referiam ao tipo "Caxias" de operário e sua aderência a posições conciliadoras em ações coletivas, fornece evidência particular de que a "educação" dos operários, através do exemplo da ação grevista conduzida em São Paulo, já estava se processando.

No capítulo IX, a análise das visões operárias sobre suas preferências eleitorais mostraram uma consistência marcante na resistência operária ao regime militar, através do voto no MDB. Mesmo assim, o uso freqüente do clientelismo e das lealdades familiares, nas preferências eleitorais, deve ser enfatizado. Isso deve parcialmente ser atribuído à ausência de identidade política do MDB local, e ao uso dos mesmos métodos de arregimentação política empregados pelo governo.

A ambigüidade e divisões internas do MDB também contribuíram para o alto grau de ceticismo nas preferências eleitorais dos operários. Contudo, os operários, em geral, estavam cientes da instrumentalidade dos seus votos. Essa instrumentalidade emergia em duas formas diferentes. Primeiro, como um meio seguro de mostrar sua desconfiança no regime militar e, segundo, como meio de obter favores pessoais de outra forma não atingíveis. Essa postura, bastante sofisticada, uma vez mais contradiz a aquiescência no local de trabalho.

As respostas operárias com relação à possibilidade de investidas independentes, em política parlamentar, através da formação de um novo partido dos trabalhadores (PT), demonstrou pouca compreensão dos objetivos específicos daqueles que estavam tentando criar o PT. Ao mesmo tempo, parecia que a formação de um novo partido político apenas representava uma sobrecarga de esforço político, pelo menos para os membros da OSM.

3. Segmentação das Reivindicações e Consciência de Classe

Devemos agora nos referir às conseqüências das atitudes e opiniões distintas, dos três diferentes tipos de operários, que foram descritos acima. A primeira conseqüência é a segmentação das reivindicações operárias. Essa segmentação, obviamente, torna qualquer esforço de aprofundar a incipiente consciência de classe existente, numa complicada tarefa de educação política. É evidente, por exemplo, que os operários menos qualificados estavam, acima de tudo, interessados no desenvolvimento de estratégias para se manterem em seus empregos com um mínimo de estabilidade. Os operários qualificados, em contraste, mostravam interesse em desenvolver um sindicato independente e forte para lutar por aumentos salariais e melhorar suas condições de trabalho, isto é, uma consciência "obreirista".

A segunda conseqüência das diferentes opiniões reflete-se nas possibilidades de desenvolvimento da consciência de classe. Por exemplo, os "peões" não-qualificados de F.1 professavam uma aderência considerável a componentes ideológicos ou "laços tradicionais" (para usar a terminologia de Reich), em termos de dependência nos laços de família, autonegação, fatalismo, fetichismo, autopiedade e servilismo, os quais atuavam como "forças psíquicas" opostas ao desenvolvimento de sua consciência de classe.

Simultaneamente, os operários semiqualificados ("operadores") tinham uma consciência de classe pouco desenvolvida. Sua localização intermediária na estrutura ocupacional e sua baixa escolaridade, além do fato de que sua promoção às funções qualificadas era difícil, tornava-os extremamente temerosos da competição com os "peões". Além disso, sua situação desfavorável no local de trabalho, em comparação com os operários qualificados, e a ausência de alternativas para uma ascensão maior também os tornavam suspeitos de qualquer posicionamento não conformista.

Podemos dizer que os "peões" e "operadores" de F.1, conforme descritos nos capítulos IV, V, VI, estão situados em um dos pólos da dicotomia de Reich. Aqueles capítulos concentram-se na aderência operária aos "laços tradicionais", através da descrição de seus medos, desejos e idéias que os impedem de desenvolver diferentes formas de resistência e luta. Conseqüentemente, os achados empíricos, colecionados nesses capítulos, destacam os mecanismos de reprodução de "peões" e "operadores" como adequados e comedidos membros da força de trabalho industrial local. Em outras palavras, aqueles achados referem-se aos bloqueios ideológicos sobre o desenvolvimento de sua consciência de classe.

Também foi mostrado nos capítulos IV a VI que o segundo pólo da dicotomia de Reich, isto é, os elementos concretos de consciência de classe (isto é, um entendimento crítico dos diferentes fatores, interferindo em suas vidas como operários fabris em uma consciência das possibilidades de vir a melhorá-los), emergiu, quase exclusivamente, entre os operários qualificados de ambas as fábricas, sob a forma de vestígios de um entendimento da expropriação de mais-valia, crítica das condições das escalas salariais, conhecimento do mercado de trabalho, crítica das políticas de promoção e uma auto-estima mais elevada. Esses operários compunham o núcleo dos "novos operários baianos".

Outros elementos de consciência de classe dos metalúrgicos baianos apareceram mais claramente nas opiniões em relação ao seu sindicato, ao sindicalismo em geral, à ação grevista e ao grau de politização nas suas preferências eleitorais, que foram assuntos dos capítulos VII e IX. Novamente, os operários qualificados se destacaram. Contudo, estes transcenderam à consciência "obreirista" apenas de forma limitada. Muito poucos "novos operários baianos" deram um passo adiante no sentido de apoiar a formação de um sindicato independente, capaz de agir como negociador de salários e de ajudar a melhorar suas condições de trabalho. Houve, contudo, um desejo generalizado, entre todos os operários, em apoiar ações grevistas por aumentos salariais e de votar no principal partido de oposição.

4. Perspectivas – Uma Discussão de Possibilidades

Baseado no quadro descrito acima, é possível formular algumas hipóteses acerca dos possíveis desdobramentos futuros. Contudo, tais possíveis desenvolvimentos necessitam ser colocados em seu contexto histórico. Acima de tudo, devemos lembrar que as pessoas em discussão tornaram-se operários fabris nos anos do "milagre econômico brasileiro" e que sua ideologia foi formada nos anos de maior pique da repressão política pelo regime militar. Estes dois fatos tiveram uma forte influência sobre a realidade, da qual tentamos delinear um quadro compósito.

Primeiro, a euforia nacionalista causada pelo *boom* econômico foi instrumental em minimizar o desenvolvimento de uma abordagem crítica tanto pela sociedade brasileira, em geral, ou por operários fabris, em particular, com relação às conseqüências sociais daquele *boom*. A publicidade dada ao projeto de "Aratu" é um exemplo privilegiado de como tais projetos foram usados para incrementar doutrinação ideológica pelo regime militar. Essa doutrinação foi fortalecida pelo fato de que alguns operários sentiam-se em processo de ascensão social, como resultado das novas oportunidades de emprego, maior estabilidade no trabalho e a conseqüente posição de prosperidade relativa em comparação com a pobreza urbana de Salvador. Essa "afluência", compreensivelmente, criava mais barreiras ao desenvolvimento de atitudes críticas ou não conformistas. Em segundo lugar, a repressão do sindicalismo e da oposição política ao regime militar estrangulava qualquer atmosfera, na qual o questionamento (ou, mesmo, a rejeição) do trabalho fabril pudesse ter surgido, ou um entendimento da exploração pelas firmas transnacionais pudesse haver emergido. O resultado foi uma impressão de conformidade, aparentemente completa, por parte dos operários aos objetivos do capital industrial e aos ditames do regime autoritário.

Não obstante, nossa pesquisa demonstrou que expressões de não conformismo e vestígios de consciência de classe estavam presentes mesmo dentro desse contexto social, político e histórico. Um importante ponto a ser destacado aqui é o fato de que nosso trabalho de campo foi feito no período de implementação do processo de abertura política e de um crescente ativismo sindical no país (1979-1980). Essas condições limitaram nossos achados consideravelmente e poderia ser argüido que as conclusões aqui estabelecidas são válidas apenas em relação a esse mesmo particular período histórico. Além disso, lidamos com operários fabris de uma área do Brasil onde falta uma tradição industrial significativa. Isso significa que nossos "objetos" tinham pouca experiência em trabalho fabril e praticamente nenhuma tradição de participação direta em qualquer forma de luta operária. Neste sentido, deve ser enfatizado, aqui, que este é um trabalho de pesquisa, exploratório, sobre "sujeitos" que são eles próprios pioneiros. Portanto, estas conclusões são mais relevantes para situações similares, isto é, para o estudo da consciência de segmentos da classe operária, recentemente engajados em empregos fabris, criados como resultado de esforços industrializantes, promovidos pelo Estado em regiões atrasadas.

O papel histórico do sindicato "pelego" em bloquear o desenvolvimento da consciência da classe operária fornece um fator potencial de mudança. A tomada do SMS pelo OSM torna possível o relaxamento do medo dos operários, a ser removido por essa nova liderança, nascida das bases. Contudo, os efeitos abrangentes da crescente crise econômica pode ter funcionado na direção oposta, reforçando esses temores. Os efeitos da crise econômica e da inflação incontrolável (acima de 230% ao ano) também enfraqueceram o poder de barganha da nova liderança do SMS e assim bloquearam o preenchimento das expectativas dos operários com relação ao sindicato, enquanto negociador de salários. A questão de como essa nova liderança está administrando este conflito, entre aquelas expectativas e a crise econômica corrente, só pode ser respondida por pesquisas futuras dentro do SMS.

O apoio dos "novos operários baianos" à OSM e, portanto, seu papel como embrião de um setor de vanguarda são ilustrados pela composição da nova liderança do SMS. Pelas informações obtidas, não há "peões" inexperientes e "operadores" ambivalentes entre eles. Isso não é surpreendente, conquanto esses sejam os operários que necessitam de maior esforço educativo da liderança, para que se tornem conscientes dos mecanismos de expropriação de mais-valia, pelas firmas locais. Tal entendimento provavelmente ajudaria os menos qualificados a abandonar atitudes fetichistas em relação aos salários e fomentar a crítica de suas condições de trabalho e perspectivas limitadas de segurança no emprego.

O desejo de participar em ações grevistas não variou entre graus de qualificação, mas os efeitos da crise econômica parecem ter freado o desenvolvimento dessa possibilidade. O fortalecimento dessa possibilidade, no futuro, dependerá dos esforços realizados pela liderança do SMS, nas negociações salariais em curso. A realização de algum grau de organização para ações grevistas efetivas no futuro será, indubitavelmente, facilitado pela participação dos membros do SMS nas discussões a respeito das decisões quanto aos aumentos salariais. Essa possibilidade poderá ajudar a contrapor o constrangimento sobre sua consciência sindical ou "obreirista" causado pela crise econômica. De certo, esta previsão é baseada na suposição de que uma consciência "obreirista" é menos conformista do que uma posição conciliadora nas relações industriais, assim como menos prejudicial ao desenvolvimento da consciência de classe do que uma mera expectativa assistencialista.

Este capítulo não pode ser encerrado antes que as colocações de Reich sejam retomadas. Reich vê a consciência de classe das massas como ainda não formada e nem completamente ausente. Além disso, estabelece uma divisão entre esta consciência de classe incipiente e aquela da liderança. Reich também coloca que "as duas devem ser levadas a se harmonizarem uma com a outra". Reich, mais ainda, defende que a liderança tem como tarefa mais urgente, a de entender os "laços tradicionais" que impedem aquela consciência de se desenvolver, assim como os desejos e pensamentos progressistas, os quais "em conjunção um com o outro possam se tornar consciência de classe".

Nossas descobertas empíricas apontaram inteiramente para a existência daquela consciência de classe incipiente, especialmente entre os metalúrgicos baianos mais qualificados. Demonstramos, também, como alguns membros da OSM junto com outros "novos operários baianos" constituíam o embrião de um setor de vanguarda. O que esta perspectiva nos permite dizer acerca da base sobre a qual a consciência de classe possa ser melhor expessada ou ativada?

Em primeiro lugar, no contexto histórico presente, a educação política dos metalúrgicos baianos encontra-se provavelmente limitada ao programa a ser desenvolvido pela nova liderança do SMS. Acreditamos que este programa deva procurar estabelecer o equilíbrio entre o risco mais alto de desemprego e a competição crescente por outras formas de sobrevivência econômica. Referimo-nos, em particular, ao número crescente de vendedores ambulantes e ao crescimento do setor informal da economia em todo Brasil. As circunstâncias econômicas presentes tornam problemática, para a mesma, elevar as expectativas dos operários para além dos tradicionais papéis de assistencialista e conciliador do SMS.

Sugerimos, também, que práticas educativas ajudariam a contrapor a influência dos "laços tradicionais" sobre a consciência de classe dos operários. Os resultados de nossa experiência teatral, em F.2, sugere que os efeitos educativos desse tipo de atividade não devem ser subestimados. Essas atividades educacionais seriam particularmente úteis em épocas quando a liderança não estiver envolvida em negociações salariais e outros tipos de disputas trabalhistas. Essas práticas poderão também contribuir para habilitar os operários a transcenderem sua consciência, meramente sindical.

Outra sugestão é o desenvolvimento de grupos ou "comissões de fábrica". Espera-se que, com a ajuda e experiência fornecidas pelo SINDIQUÍMICA, isto esteja acontecendo. Mais ainda, esse desenvolvimento contribuiria grandemente para o fortalecimento da influência do sindicato sobre as opiniões daqueles operários menos qualificados, vivendo nas pequenas cidades do Recôncavo, onde o SMS não tem sucursal. As "comissões" não se restringiriam à necessidade da liderança de responder às demandas feitas por alguns operários, no sentido de estender seus serviços assistencialistas àquelas cidades. Elas provavelmente ajudariam a contrapor a tendência desses operários a perceberem o sindicato como tendo primordialmente uma função assistencialista.

5. Notas Conclusivas

Concluindo, queremos destacar três temas que surgem com freqüência na ideologia dos metalúrgicos baianos: contradição, dissimulação e ambigüidade. Já nos referimos ao primeiro tema com algum detalhe no corpo deste trabalho. Essas contradições são relacionadas aos diferentes aspectos do mesmo quadro ideológico, isto é, disposições ideológicas em relação ao trabalho fabril; reações aos mecanismos de controle dentro dos sistemas de emprego; aspirações no mundo de fora da fábrica e as percepções operárias sobre o sindicalismo, ações grevistas e política parlamentar. A multiplicidade de ângulos, utilizada para criar o quadro compósito, inevitavelmente, produz uma imagem que tem a contradição como seu âmago. Em outras palavras, a exploração de uma multiplicidade de ângulos ajudou a dissolver o quadro de aparente e completa submissão, e trouxe à luz vestígios de consciência de classe. Mas não se deve ter ilusões acerca da facilidade com que a mudança pode ser realizada. Conforme Lukács afirmou há muitos anos:

"Mesmo no meio dos espasmos de morte do capitalismo, largos segmentos das massas proletárias ainda sentem que o Estado, as leis e a economia da burguesia são o único ambiente possível à sua existência " (Lukács, op. cit.: 262).

Mesmo tendo em vista a existência de uma consciência de classe em desenvolvimento, uma ideologia produtora de submissão continuará a ter grande influência. As contradições não desaparecerão num futuro previsível, se é que desaparecerão.

A dissimulação não foi muito enfatizada neste trabalho, uma vez que as circunstâncias das entrevistas forneceram pouco escopo para uma discussão de sua relevância, na análise dos discursos dos operários. Contudo, a dissimulação tem que ser levada em consideração em qualquer estudo empírico sério, relacionado aos temas de ideologia e consciência de classe. A partir do momento em que a dissimulação contribua para o camuflamento das condições reais da vida social, o estudo entrará no "reinado" da ideologia. Este ponto já foi enfatizado por Frederico (1969) com relação ao que chama de "a lógica da dissimulação". Conseqüentemente, Frederico argumenta: "os questionários são técnicas inapropriadas para o estudo da consciência de classe". Este argumento nos influenciou na decisão de realizar um estudo de ideologia de trabalhadores, ao invés de um estudo sobre suas atitudes.

O tema da ambigüidade relaciona-se mais diretamente ao tópico da consciência de classe. Em diferentes circunstâncias, respostas mais radicais teriam sido, provavelmente, explicitadas pelos operários, em relação aos diferentes temas tratados aqui. Conclusões práticas a serem extraídas deste trabalho de pesquisa naturalmente necessitarão levar essas limitações em consideração. Ao invés de ignorá-los, qualquer estudo deverá considerar esses fatores como parte da problemática, conforme aconteceu no caso da ambigüidade, inerente ao nosso papel, simultâneo, como estagiário e pesquisador, em ambas as fábricas.

O desenvolvimento de pesquisas sociológicas sobre esses temas provavelmente obteria novas explicações para o alto grau de ceticismo dos operários, sobre vários tópicos. A não ser que esses fatores subjetivos sejam considerados seriamente, continuaremos a produzir registros sofisticados de ideologia operária, os quais permanecerão sem significado para os próprios operários.

BIBLIOGRAFIA

ADLAM, D. et al., "Psychology, ideology and the human subject" in *Ideology and Consciousness,* nº. 1, May, 1977.

ALVES, M.H.M. "Brazil: structures of repression" in *Lawg Letter,* Vol. II, nº. 3/4, Jan.-April, 1982.

AZEVEDO, J.S.G. *Industrialização e incentivos fiscais na Bahia: uma tentativa de interpretação histórica.* Dissertação de mestrado apresentada ao Curso de mestrado em Economia da UFBa (Salvador, Universidade Federal da Bahia, 1975).

BOTTOMORE, T.B., "Classe structure and social consciousness" in *Aspects of history and class consciousness",* edited by Meszaros, I. (London, Routledge and Kegan Paul, 1971).

BOTTOMORE, T.B. and RUBEL, M. (editors), *Karl Marx, Selected writings in sociology and social philosophy* (London, C.A. Watts and Co. Ltd., 1963).

BRANDÃO, M., A *"Regionalização" da grande indústria no Brasil: aspectos emergentes de um novo padrão de crescimento urbano-industrial.* Trabalho apresentado no "Le Nouvel Espace et Industrial Brasil, Mexique, Venezuela, France", encontro internacional realizado no Institut des Hautes Etuds de L'Amerique Latina, Universidade de Paulo III/CNRS, Paris, 1982.

BRANDÃO, M., *O engenho da produção: os limites da produção habitacional de "interesse social" no Brasil,* comunicação apresentada no XLLV Congresso dos Americanistas, Manchester, 1982b.

BRANDÃO, M., *Diagnóstico da situação habitacional da região metropolitana de Salvador* (Salvador, MINTER/BNH/SETRABES-BA., mimeo., 1978).

BRANT, V.C., *"Sindicatos de Trabalhadores" in São Paulo: o povo em movimento* (Singer, Paulo and Brant, V.C., org.), (Petrópolis, Editora Vozes/CEBRAP, 1981).

BRAVERMAN, H., *Labour and monopoly capital, the degradation of work in the twentieth century.* New York and London, Monthly Review Press, 1974.

BROWN, B., *Marx, Freud, and the critique of everyday life, toward a permanent cultural revolution;* New York, Monthly Review Press, 1973.

CARVALHO, I.M.M., *Operários e sociedade industrial na Bahia.* Salvador, Universidade Federal da Bahia, 1969 (Estudos Baianos, 4).

COHEN, I.H., *Ideology and unconsciousness. Reich, Freud and Marx.* New York and London, New York University Press, 1982.

ELLIOT, J., Validating case studies. In: *Conferência Anual da British Educational Research Association,* Cardiff, 1980.

ENGELS, F., *The condition of the working class in England.* Toronto, Sidney, New York, Granada, 1982.

FIEBA (Federação das Indústrias do Estado da Bahia). *As duzentas maiores empresas da Bahia,* 1977-1982. S.N.T.

FREDERICO, C., *Consciência operária no Brasil:* estudo com um grupo de trabalhadores. São Paulo, Editora Ática, 1978.

FREDERICO, C., *A vanguarda operária.* São Paulo, Editora Símbolo, 1979 (Coleção Ensaio e Memória, 24).

FREITAS, Elizabeth Soares. *Sindiquímica: inovador do movimento sindical na Bahia.* Brasília, Universidade de Brasília, 1984 (Dissertação de Graduação – Departamento de Sociologia).

FREUD, S., *The future of an illusion.* London, The Hogart Press and the Institute of Psychoanalysis, 1973.

FRIEDMAN, A.L., Responsible autonomy versus direct control over labour process, in: CE – Conference of Socialist Economists, *Bulletin* nº. 1, London, 1977.

FRIEDMAN, A.L., *Industry and labour, class struggle at work and monopoly capitalism.* London and Basingstoke, The Macmillan Press Ltd., 1977.

GABEL, J., *False consciousness, an essay on reification.* Oxford, Blackwell, 1975.

GERAS, N., "Marx and the critique of political economy" In: Blackburn, R., ed. *Ideology and Social Science.* London, Fontana Library, 1972.

GOLDTHORPE, J.H., et al., *The affluent worker: industrial attitudes and behaviour.* Cambridge, Cambridge University Press, 1968.

GREEN, J., Liberalization on trial: the workers movement, In: *NACLA Report on the Americas,* 13,3, May-June 1979.

GUIMARÃES, A., As eleições na Bahia. In: *As eleições nacionais de 1978.* Brasília, Fundação Milton Campos, 1979 (Estudos Regionais, Vol. II).

HALL, S., The Hinterland of science: ideology and the sociology of knowledge, in: *On Ideology* London, Hutchinson and Co., Centre for Cultural Studies, University of Birmingham, 1977.

HIRATA, H., Movimento operário sob a ditadura militar (1964-1979). In: *Movimento Operário Brasileiro, 1900/1979,* organizado pelo Coletivo "Edgard Lewenroth", Belo Horizonte, Editora Vega, 1980.

HUMPHREY, J., *Fazendo o milagre:* controle capitalista e luta operária na indústria automobilística brasileira. Vozes/CEBRAP, Petrópolis, 1982.

HUMPHREY, J., Auto workers and the working class in Brazil. *Latin American Perspective,* Issue 6 (23):4 fall, 1979.

HUMPHREY, J., *The development of industry and the bases for trade unionism: a case study of car workers, in: São Paulo, Brazil,* s.l., University of Sussex, 1977 (tese de doutorado).

HYMAN, R., *Marxism and the sociology of trade unionism.* London, Pluto Press, 1975.

JELIN, E., Orientaciones e ideologias obreras en America Latina. Buenos Aires, CEDES, 1976 (Estudios Sociales, 3).

LAMOUNIER, B. et al., *Voto de desconfiança. Eleições e Mudanças Políticas no Brasil, 1970-1979.* Petrópolis, Editora Vozes e CEBRAP, 1980.

LARRAIN, J., *Marxism and ideology.* London and Basingstoke, The Macmillian Press Ltd., 1983.

LARRAIN, J., *The concept of ideology.* London, Hutchinson University Library, 1979.

Latin American Bureau. Special Brief. *Brazil, State and Struggle.* London, 1982.

LENIN, V.I., On Strikes. Vol. 4, (1893 – April 1901), London, Lawrence and Wishart, s.d. (Collected).

LENIN, V.I., *What is to be done?* Oxford, at the Clarendon Press, 1963.

LOPES, J.R.B., *Sociedade industrial no Brasil.* São Paulo, Difusão Européia do Livro, 1964.

LOPES, J.R.B., *Crise do Brasil arcaico.* São Paulo, Difusão Européia do Livro, 1967.

LOPES, J.S.L., *O vapor do diabo. O trabalho dos operários do açúcar.* Rio de Janeiro, Editora Paz e Terra, 1976.

LUKÁCS, G., *History and class consciousness.* London, Merlin Press, 1971.

MARX, K., *Capital, a critique of political economy.* Harmondworth, Penguin Books, 1976, V.1.

MARX, K. & Engels, F., *The German Ideology.* London, Lawrence and Wishart, 1970. Também foi utilizada a edição em português (Editorial Presença, Portugal e Livraria Martins Fontes, Brasil, 1980).

McDONOUGH, R., Ideology as false consciousness: Lukács. In: *On ideology.* London, Hutchinson and Co. and Centre for Contemporary Cultural Studies, University of Birmingham, 1977.

MICHELS, R., *Political parties. A sociological study of the oligarchical tendencies of modern democracy.* New York, The Free Press, and London, Collin Mcmillan Publishers, 1968.

OLIVEIRA, F., Salvador: os exilados da opulência (expansão capitalista numa metrópole pobre). In: SOUZA, G.A.A. & FARIA, V., org. *Bahia de Todos os Pobres.* Petrópolis, Editora Vozes e CEBRAP, 1980.

PAZ, O., *The labirinth of solitude, life and thought in Mexico.* New York, Grove Press, 1961.

PAZ, O., *O labirinto da solidão.* Rio de Janeiro, Paz e Terra, 1976.

PEREIRA, L., *Trabalho e desenvolvimento no Brasil.* São Paulo, Difusão Européia do Livro, 1965.

REICH, W., What is class consciousness? (1934) In: BANDALL, Lee, ed. *Sex-Pol Essay, 1929-1934,* New York, Vintage Books, 1972.

RODRIGUES, L.M., *Industrialização e atitudes operárias.* São Paulo, Difusão Européia do Livro, 1970.

SANTOS, T. dos, Institutional crises, viable democracy and the democratic alternative in Brazil. In: *New models of domination for latino america in the '80s,* (LARU – Latin American Research Unit Studies, 4 (1), Dec. 1980).

Secretaria do Trabalho e Bem-Estar Social (SETRABES). *Mão-de-obra operária-industrial da Bahia.* Salvador, 1969.

SELSAM, H. & MARTELS, H., ed. *Reader in Marxist Philosophy: from the Writings of Marx Engels and Lenin.* New York, International Publishers, 1963.

SOARES, G.A.D., The Brazilian political system: new parties and old clevages. In: *Luso-Brazilian Review* XIX, 1, 1982.

SORJ, B., *The formation of ideology amongst brazilian steel workers.* University of Manchester, 1979. (Tese de doutorado – Faculty of Economic and Social Studies, Department of Sociology).

SOUZA, G.A.A. & FARIA, V., *Bahia de todos os pobres.* Petrópolis, Editora Vozes e CEBRAP, 1980.

VIANNA, A.R. Estratégia de sobrevivência num bairro pobre de Salvador. In: SOUZA, G.A.A. de & FARIA, V. org. Petrópolis, Editora Vozes, 1980 (Cadernos CEBRAP, 34).

WEBER, M., *The protestant ethic and the spirit of capitalism.* London, Allen and Unwin, 1967.

WEFFORT, F.C., *Participação e conflito industrial: Contagem e Osasco, 1968.* São Paulo, CEBRAP, 1972 (Caderno CEBRAP, 5).

WILLIS, P., The Man in the Iron Cage: notes on method. In: *Working papers in cultural studies* nº 9. Centre for Contemporary Cultural Studies, University of Birmingham, 1976.

WILSON, S., Explorations of the usefulness of case study evaluations. *Education Quaterly,* 3(3) Aug., 1979.

Jornais citados

A Tarde, 20 de maio, 1979.

A Tarde, Caderno Econômico, Salvador; 30 de setembro, 1979; 20 de janeiro, 1980.

Movimento, São Paulo, agosto 24-30, 1981.

Sindiquímica, Salvador, maio-junho, 1979.

Tribuna da Bahia, 17 de agosto, 1979.

Impresso por

Linha Gráfica
Editora Ltda.

SIG Q. 8 LOTES 2327/37 CEP 70610 - TELS.: (061) 224-7706/224-7756/224-7778
BRASÍLIA - DF